AF649276

Carolyn Denham · Roderick Field

MAKE | FASHION | WORK

Carolyn Denham · Roderick Field

MAKE | FASHION | WORK

Das Merchant & Mills Arbeitsbuch
mit Schnittmustern für eine

GARDEROBE ZU JEDER JAHRESZEIT

Verlag Freies Geistesleben

INHALT

Einleitung

MAKE | FASHION | WORK

Fashion

Substantiv

Von altfranzösisch *façon*, von lateinisch *factio(n-)*, von *facere* **«tun, machen»**.

Früher erfüllte «Kleidung» klare Zwecke; sie diente dazu, uns zu wärmen und unsere Blöße zu bedecken. Warm eingehüllt und frei von Schamgefühl, konnten wir uns wichtigeren Aktivitäten wie Essen, Schlafen und Fortpflanzung widmen. Als dann die Bevölkerung auf der Erde und die Anzahl unserer Gehirnzellen exponentiell wuchsen, verloren viele unmittelbare Bedürfnisse, die einst so dringlich gewesen waren, an Bedeutung; Gesellschaftsschichten und Nationen grenzten sich voneinander ab, und was wir trugen, wurde zum Statement. Unsere Kleidung führte jedermann vor Augen, wer wir sein wollten, und gab anderen die Gelegenheit, uns zu bewundern oder über uns die Nase zu rümpfen. Schon bald war die Sprache der Mode komplizierter als Latein. Sie enthielt Satzarten, Zeiten, Querbezüge und umgangssprachliche Ausdrücke. Entlegene Gegenden entwickelten ihren eigenen Slang, während die Elite in unverständlichen Monologen über die allerneusten Outfits brütete. Bevor wir ein Wort gesagt hatten, waren unsere Wurzeln, unser sozialer Status und unsere Prioritäten bereits für alle sichtbar.

Zu einem Zeitpunkt, der sich von heute aus nicht mehr klar erkennen lässt, erhielt «Fashion» einen großen Anfangsbuchstaben und gewann an Bedeutung. Wir alle lassen uns in den Bann der Mode ziehen und unterliegen ihrem Einfluss. Mode ist politisch, kulturell, sozial und persönlich. Sie umgibt uns überall und immer, und jeder Versuch, sich ihr zu entziehen, ist selbst schon wieder Mode. Wenn wir uns inmitten dieses Treibens durch etwas modische Eloquenz hervortun wollen, wo finden wir dann Inspiration? Wir können im Internet einkaufen und uns von Kundenrezensionen leiten lassen oder uns mit schweren Füßen durch die überall auf der Welt gleichen Einkaufszentren schleppen. Wir können in noblen Warenhäusern und Secondhandläden auf die Jagd nach seltenen, originellen Kleidungsstücken gehen, die unseren guten Geschmack und unsere noch besseren detektivischen Fähigkeiten bezeugen. Oder (und diese Möglichkeit ziehen wir bei Merchant & Mills vor) wir können innehalten und Gedanken, Zeit und Mühe darauf verwenden, mit unseren eigenen Händen unsere eigene Kleidung herzustellen.

Dieses Buch: Was es ist und was es nicht ist

Unser drittes Buch, das Sie hier in Händen halten, ist kein Nähbuch für Anfänger. Es erklärt nicht, welche Ausrüstung Sie sich anschaffen oder wie Sie einfaches Nähwerkzeug benutzen sollten. Um die einzelnen Projekte kurz, bündig und anregend darzustellen, haben wir uns dafür entschieden, nicht jeden Arbeitsschritt der verschiedenen Techniken zu beschreiben und Grundtechniken nicht allzu ausführlich zu erklären. In diesem Buch setzen wir voraus, dass Sie über Grundkenntnisse im Nähen verfügen und furchtlos zu Stecknadeln und Schneiderkreide greifen werden, voller Vertrauen darauf, am Ende der einzelnen Arbeitsschritte ein gut genähtes Kleidungsstück Ihr Eigen zu nennen.

Dieses Buch soll dazu anregen, sich an etwas raffiniertere Modelle zu wagen und Neues zu lernen. Wir hoffen, dass Sie, als Leserin oder Leser, sich neuen Herausforderungen gewachsen fühlen und bereit sind, Schritt für Schritt auch die schwierigeren Modelle in Angriff zu nehmen.

DIE KOLLEKTION

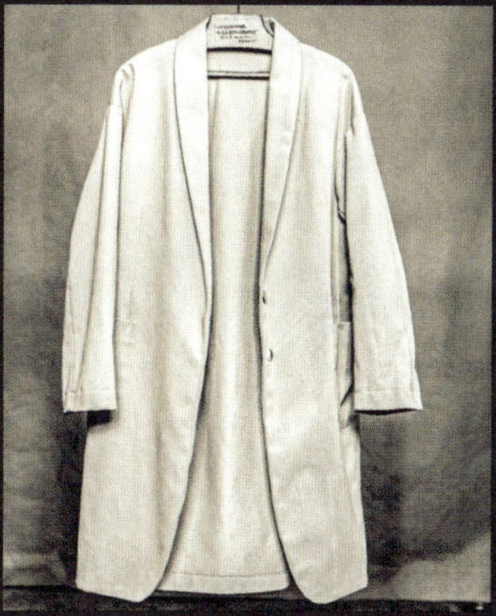

Die Auswahl des Stoffs

Das Motto meiner Mutter lautete: «Je besser die Stoffqualität, desto besser das fertige Kleidungsstück» – und dieser Losung bleiben wir treu. So entspricht es dem Stil und der Philosophie von Merchant & Mills, traditionelle Stoffe aus Naturfasern zu verarbeiten.

Ein Stoff sollte Ihren persönlichen Stil widerspiegeln und sorgfältig ausgesucht werden, schließlich nähen Sie Ihre Kleidungsstücke, um am Ende etwas in den Händen zu halten, was sich für Geld nicht kaufen lässt.

Lassen Sie sich vor dem Stoffkauf inspirieren – vielleicht schlendern Sie durch ein Geschäft und entdecken dort Ihre Lieblingsteile: aus welchem Stoff sind sie, wie fallen sie, welche Rolle spielen die Farben? Ergründen und definieren Sie Ihren eigenen Stil und was Sie wirklich täglich tragen möchten. So lässt sich die manchmal überwältigende Auswahl in einem Stoffgeschäft eingrenzen.

Mit zunehmender Erfahrung fällt es leichter, einen guten Stoff zu erkennen. Fühlen Sie, wie er fällt. Knüllen Sie ihn – wird er sich gut bügeln lassen? Reiben Sie daran; flust oder pillt er? Erkundigen Sie sich nach der Waschanleitung, dem Material sowie seiner Beschaffenheit. Meist verfügt das Verkaufspersonal über einen reichen Erfahrungsschatz und freut sich, diesen mit Ihnen zu teilen.

Wir zeigen jedes Modell in unterschiedlichen Stoffarten, um einen Eindruck davon zu vermitteln, wie die Stoffwahl den Look des fertigen Kleidungsstücks beeinflussen kann.

Stoffe, die wir für die Modelle in diesem Buch verwendet haben

HARRIS TWEED – *Haremere Jacke*

Harris Tweed verdankt seinen unverwechselbaren Charakter der traditionellen Herstellungsweise. Er gehört zu den wenigen handgewebten Stoffe weltweit, die in kommerziellen Mengen gefertigt werden, und ist geprägt von der Landschaft der Hebriden, von denen er kommt. Im Lauf der Jahrhunderte entstanden unzählige einzigartige Muster mit feinen Webstrukturen und gedeckten natürlichen Farbtönen. Harris Tweed hat eine angenehme Haptik, ist atmungsaktiv und warm. Jeder Faden enthält Myriaden von Farben – es gibt keinen anderen Wollstoff von größerer Tiefe oder Komplexität. Wir bevorzugen Harris Tweed gegenüber anderen Wollstoffen, weil er den Kleidungsstücken einen lockeren und dabei doch klassisch-eleganten Charakter verleiht.

IRISCHES LEINEN – *Alle Modelle*

Leinen wird aus eigens dafür angebauten Flachspflanzen hergestellt. Die einjährige Pflanze wird bis zu einen Meter hoch, ihre Fasern sind so lang wie der Pflanzenstängel. Irisches Leinen wird heute noch von den Nachfahren jener Weber hergestellt, die schon vor Hunderten von Jahren diesen Stoff webten. Traditionell werden für irisches Leinen nur die längsten Flachsfasern verwendet, um ein besonders feines und starkes Gewebe zu erhalten. Leinen ist widerstandsfähiger als Baumwolle, jedoch weniger elastisch. Es knittert leicht, und die Farbe kann im Lauf der Zeit ausbleichen. Dadurch entstehen eine wunderschöne Patina und ein Tragegefühl, das mit den Jahren immer besser wird. Diese Qualitäten sollte man schätzen, wenn man sich für einen Leinenstoff entscheidet. Wir haben für alle Projekte in diesem Buch irisches Leinen verwendet, von einem mittelschweren Leinen für die Haremere-Jacke und die Strides-Hosen bis zum sehr leichten Hemdstoff für das Bantam-Top.

BAUMWOLLMUSSELIN

Curlew-Langarmshirt und ärmelloses T-Shirt

Musselin ist ein günstiger, leinwandbindiger Baumwollstoff. Die Bezeichnung entstammt dem altindischen «Maisolos», dem Namen einer indischen Hafenstadt. Heute wird Baumwollmusselin in einem großen Spektrum von Farben und Qualitäten angeboten. Wir haben einen maschinengewebten, gefärbten, relativ dichten, halbglatten Musselin mit einem Gewicht von 100 g/m^2 ausgewählt. Er ist zwar zu durchsichtig, um ihn allein zu verwenden, eignet sich aber hervorragend für Kleidungsstücke, bei denen Innenfutter und äußere Stoffschicht aus dem gleichen Material bestehen oder die in mehreren Schichten übereinander getragen werden. Dieser Stoff ist besonders zart und luftig.

INDISCHE BAUMWOLLE – *Bantam-Top*

Indische Baumwolle ist in sehr feinfädigen Qualitäten erhältlich und somit ideal für duftig lockere Kleidungsstücke. Eine Besonderheit ist die handversponnene Baumwolle in Khadi-Tradition. In Indien bezeichnet «Khadi» eine ganze Bewegung, die von Mahatma Gandhi ins Leben gerufen wurde. Er propagierte die Khadi-Weberei als eigenständige Einnahmequelle für die Landbevölkerung und Beitrag zur Unabhängigkeit Indiens. Wurde der Stoff in der Vergangenheit von Bauern getragen, so ist er inzwischen sehr teuer. Heute ist Khadi längst nicht mehr nur im ländlichen Indien zu finden, sondern seiner Qualität wegen allgemein geschätzt. Indische Baumwolle ist eine schöne Alternative zu maschinengewebtem Popeline.

WASHED WOOL (GEWASCHENE WOLLE) – *Strides-Hosen*

Britische Wolle ist weltberühmt für ihre Qualität, Langlebigkeit und ihren schönen textilen Fall. Der gewaschene Wollstoff, den wir für die Strides-Hosen gewählt haben, wird einem streng geheimen Verfahren unterzogen, wobei das Weböl entfernt und die Oberfläche aufgeraut wird. Fasst man ihn an, fühlt man sich in die Dreißigerjahre versetzt. Dennoch wirkt er erfrischend modern, leicht, edel und lässig.

DENIM – *Strides-Hose und Strides-Shorts; Curlew-Kleid*

Denim ist ein widerstandsfähiger Kettköper aus Baumwolle. Bei den meisten indigoblauen Denimstoffen sind nur die Kettfäden gefärbt, die Schussfäden dagegen weiß. Daher zeigt eine Seite des Stoffes die blauen Kettfäden und die andere die weißen Schussfäden, wie bei einer Jeans, deren Innenseite weiß ist. Beim Färben entstehen die wunderschönen verwaschenen Farbtöne, die den Denim-Look auszeichnen. Der Stoff wird in unterschiedlichen Gewichten hergestellt; für eine klassische Jeans wird schwerer 14oz Denim verwendet. Wir haben einen leichten 5oz Denim für das Curlew-Kleid und einen weichen, bequemen 8oz Denim für die Strides-Shorts gewählt.

CANVAS-BAUMWOLL-TWILL – *Haremere-Mantel*

Canvas-Baumwoll-Twill hat ein charakteristisches Muster paralleler diagonaler Rippen. Es entsteht, wenn der Schussfaden zunächst über zwei oder mehr Kettfäden und dann unter zwei oder mehr Kettfäden geführt wird. Dadurch kommt es zu den typischen Zwischenräumen zwischen den Graten. Dank dieser Bindungsart fallen Twill-Stoffe meist gut. Canvas-Twill ist weicher und geschmeidiger und fällt besser als Stoffe mit Leinwandbindung. Knitterfalten lassen sich leichter herausstreichen, und das Garn kann sehr dicht verwebt werden, sodass Stoffe mit hoher Fadenzahl entstehen. Canvas ist langlebig, luft- wie wasserundurchlässig und somit bestens für Mäntel geeignet.

SANDGEWASCHENE SEIDE – *Bantam-Top*

Bei warmem Wetter und körperlicher Betätigung ist Seide sehr angenehm zu tragen, denn sie nimmt Feuchtigkeit auf und ist atmungsaktiv. Trotz seiner feinen Struktur eignet sich dieser schöne, starke Stoff für viele Zwecke. Normalerweise besticht Seide durch ihren natürlichen Glanz. Sandgewaschene Seide ist deutlich matter und fühlt sich angenehm weich an. Leicht verwaschene Seide ist genau richtig für eine edle und doch lässige Version des Boxer-Shirts, angenehm zu tragen und dennoch etwas Besonderes.

Übertragen der Schnittmuster

Für die meisten Schneiderinnen gehört es zum Alltag, ein Schnittmuster von feinem Seidenpapier auf festeres Papier abzupausen, um die Schnittteile länger benutzen zu können oder den Originalmusterbogen zu erhalten. Die Technik hierfür ist einfach, erfordert aber Genauigkeit.

DIE SCHNITTMUSTER

Die Schnittteile zu den einzelnen Projekten können sich auf mehreren Bögen befinden. In jedem Kapitel erfahren Sie, welche Bögen Sie für das Modell ihrer Wahl heraussuchen müssen, wie die Schnittteile aussehen und aus wie vielen Teilen sich das Schnittmuster zusammensetzt. Einige der kleineren Schnittteile sind innerhalb der großen Schnitteile abgedruckt. Jeder Modellschnitt liegt in den Größen 8-18 vor. Eine Ausnahme stellen die Haremere-Jacke und der -Mantel dar, die lediglich in drei Größen angeboten werden: S (8-10), M (12-14) und L (16-18). Die verschiedenen Größen werden jeweils durch eine eigene gestrichelte Linie dargestellt. Der kleinsten Größe entspricht die am feinsten gestrichelte Linie, der größten Größe die durchgehende Linie.

Sämtliche Nahtzugaben sind in den Schnittmustern enthalten. Anfang und Ende der Nahtzugaben werden durch Querzeichen dargestellt. Knipsen Sie jedes Querzeichen 5 mm ein und positionieren Sie die Knipse beim Nähen genau übereinander. Bei manchen Modellen sind die Nahtzugaben unterschiedlich breit. Stellen Sie sicher, dass sie durch entsprechende Knipse markiert sind. Einige der abgedruckten Schnittteile müssen auf die richtige Größe verlängert werden. Auf den Schnittteilen ist dies deutlich vermerkt, zwei Pfeile zeigen an, wo Sie Länge hinzufügen müssen. Dies geschieht stets in gerader Linie. Am einfachsten ist es, das Muster auf einer Seite der Pfeile auf Musterpapier zu übertragen, dann die erforderliche zusätzliche Länge auszumessen und einzuzeichnen, und anschließend am Ende der Verlängerungslinien den Rest des Musters anzufügen. Einige Modellschnitte können abgewandelt werden. Für diese Varianten müssen die Schnittteile des Hauptmodells etwas verändert werden. Dabei gehen Sie ähnlich vor wie beim Verlängern der Schnittteile. Anweisungen hierfür sind auf dem Musterbogen vermerkt und werden in den einzelnen Kapiteln erläutert.

Einige wenige Schnittteile konnten wegen ihrer Größe nicht in einem Stück auf den beiliegenden Schnittmusterbögen abgebildet werden. In solchen Fällen müssen Sie die obere und die untere Hälfte beim Übertragen des Musters zusammenfügen. Die Hälften befinden sich immer auf zwei verschiedenen Bögen, sodass sie einen der beiden Bögen an der Verbindungslinie falten, ihn an das Schnittteil auf dem anderen Bogen anlegen und dann die gesamte Form übertragen können.

DAS SCHNITTMUSTERPAPIER

Wir empfehlen, zum Übertragen der Schnitteile das größtmögliche Papierformat zu wählen, damit Sie später nicht zu viele einzelne Stücke zusammenheften müssen. Sie können jedes Transparentpapier verwenden, es ist jedoch auch spezielles Schneiderkopierpapier erhältlich. Es ist durchsichtig und sehr leicht. Weil es speziell fürs Schneidern entwickelt wurde, weist es in Abständen von 2 cm hilfreiche Punkte und Kreuze auf, die es erleichtern, das Schnittteil gerade oder schräg zum Fadenlauf auszurichten. Dieses Papier ist so haltbar, dass Sie die Schnittteile viele Male verwenden können.

Schwedisches Transparentpapier hat eine feste, stoffähnliche Oberfläche (das Muster scheint hindurch) und ist stärker als herkömmliches Transparentpapier; es lässt sich schwer einreißen, aber leicht und sauber schneiden. Wenn Sie Ihr Muster auf dieses Papier übertragen haben, können Sie aus den Schnittteilen eine Probeversion des Kleidungsstücks herstellen, samt Abnähern und kleinen Änderungen. Dieses Vorgehen erlaubt sorgfältige Anproben, bevor Sie das Muster auf einen teuren Stoff übertragen. Sie können auf diesem Papier mit Bleistift, Filzstift oder Kugelschreiber zeichnen. (Hinweis: dieses Papier kann in Großbritannien bezogen werden.)

SCHNITTMUSTER ÜBERTRAGEN

- Sie benötigen einen farbigen Stift oder einen gespitzten Bleistift.
- Jeder Größe entspricht eine andere gestrichelte Linie; die Markierungen für Knipse, Abnäher, Taschen und Reißverschlüsse auf dem Schnittteil sind mit Größenangaben versehen.
- Damit Sie das Muster leichter abpausen können, ziehen Sie zunächst die Linie für die gewünschte Größe auf dem Originalbogen mit einem farbigen Filzstift oder einem Buntstift nach.
- Verwenden Sie ein Lineal für alle geraden Linien. Die Rundungen zeichnen Sie freihändig oder mithilfe einer Schablone.

- Legen Sie das Transparentpapier auf das Schnittmuster und beschweren es zum Beispiel mit ein paar Konservendosen. Befestigen Sie das Pauspapier mit leicht haftendem Abklebeband oder Stecknadeln auf dem Musterbogen. Folgen Sie den Linien, die Sie zuvor gut sichtbar nachgezeichnet haben, und übertragen nun das gesamte Muster. Achten Sie darauf, sämtliche Markierungen, Linien zum Ausrichten am Fadenlauf und zusätzliche Angaben für Ihre Größe abzupausen.
- Beachten Sie, dass viele Schnittteile später am Stoffbruch angelegt werden – deshalb entspricht das Schnittteil dem halben Stoffteil.
- Das Curlew-Kleid und das Curlew-Top werden später schräg zum Fadenlauf aus dem Stoff ausgeschnitten. Daher müssen Sie ein Schnittteil abzeichnen, das die gesamte Form des Stoffteils abbildet.

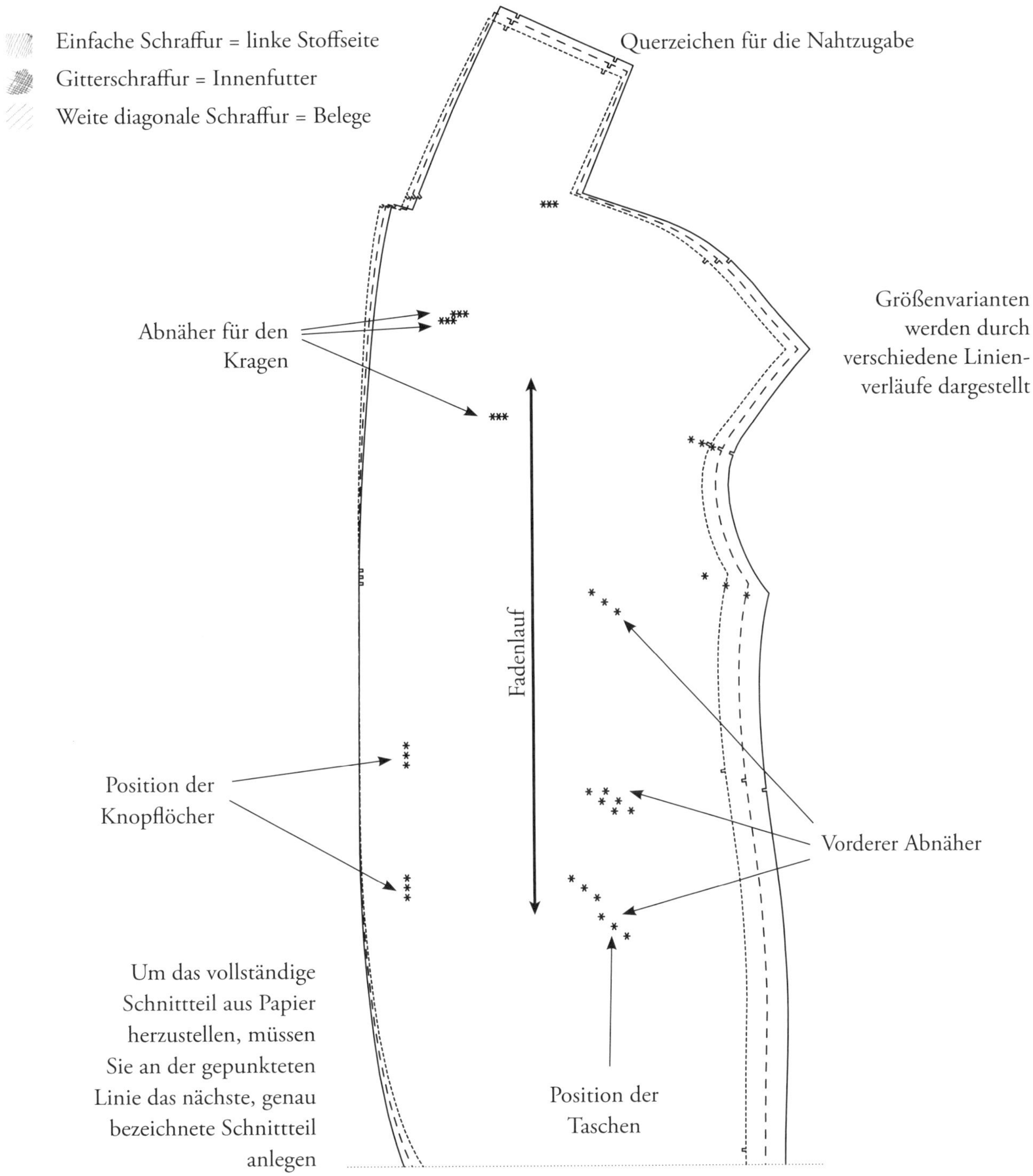

MODELL BANTAM

Der Bantam-Schnitt ergibt ein lässiges und stilvolles, locker sitzendes Top und lässt sich leicht zu einem spielerisch eleganten Kleid abwandeln.

Das schlichte, maskulin anmutende Top kommt federleicht daher, hat aber durchaus elegante Ambitionen. Die eingefassten Armlöcher und der mit Schrägband belegte Halsausschnitt besorgen eine sportliche Note, doch mit einem einfachen Rock oder den Strides-Shorts kombiniert eignet sich das Top eher für einen entspannten Sommerspaziergang als für 10 Runden mit Mike Tyson. Mit Französischen Nähten und lang geschnitten – ein frisches und gefälliges Top.

Wir haben das Top aus gewaschener Seide und indischer weißer Baumwolle gefertigt. Für das Kleid haben wir irisches Leinen verwendet, doch feines cremefarbenes Leinen oder Baumwoll-Seersucker eignen sich ebenso gut.

BANTAM-
TOP
Schnittmuster

Das Bantam-Top hat fünf Schnittteile:
Vorderteil | Rückenteil | Einfassband für den Halsausschnitt |
2 x Einfassband für die Armlöcher
Die Schnittteile müssen von Bogen A übertragen werden.

Sämtliche Naht- und Saumzugaben sind in den Schnittmustern enthalten

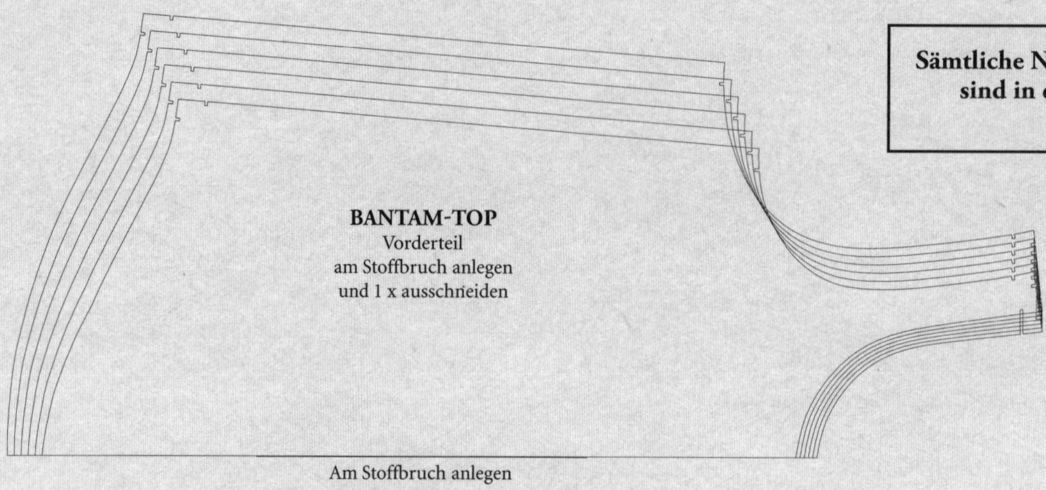

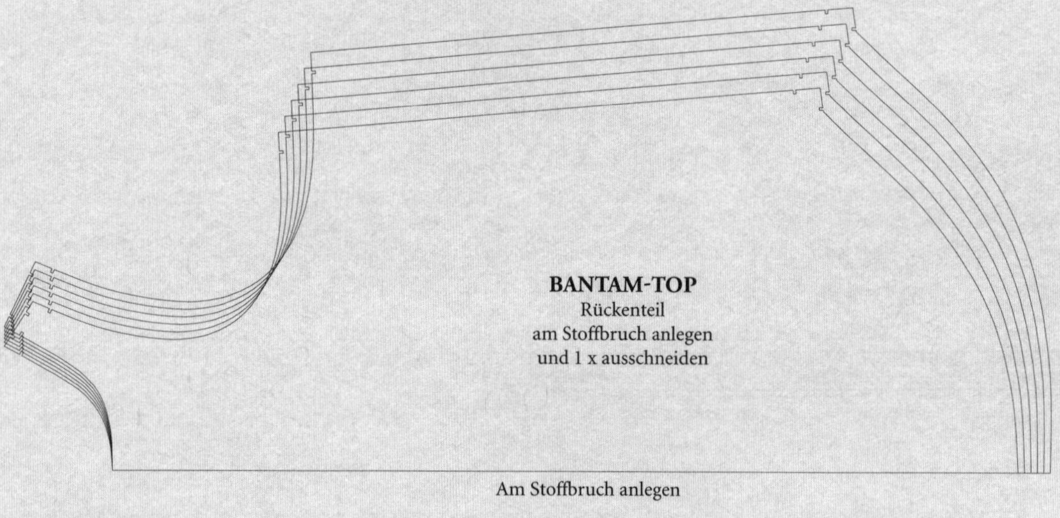

Die Einfassbänder für die Armausschnitte und den Halsausschnitt verlängern. Die Anweisungen finden Sie auf dem Schnittmuster.

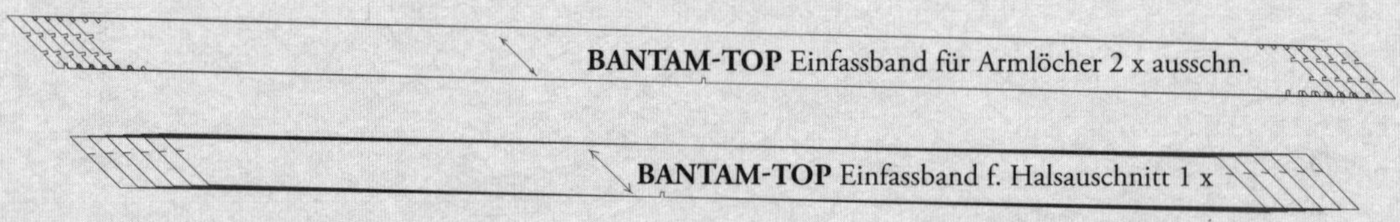

BANTAM-KLEID

Schnittmuster

Das Bantam-Kleid hat fünf Schnittteile:

Vorderteil | Rückenteil | Einfassband für den Halsausschnitt | 2 x Einfassband für die Armlöcher

Verwenden Sie die Schnittteile für das Bantam-Top und verlängern Sie Vorder- und Rückenteil wie unten angezeigt.

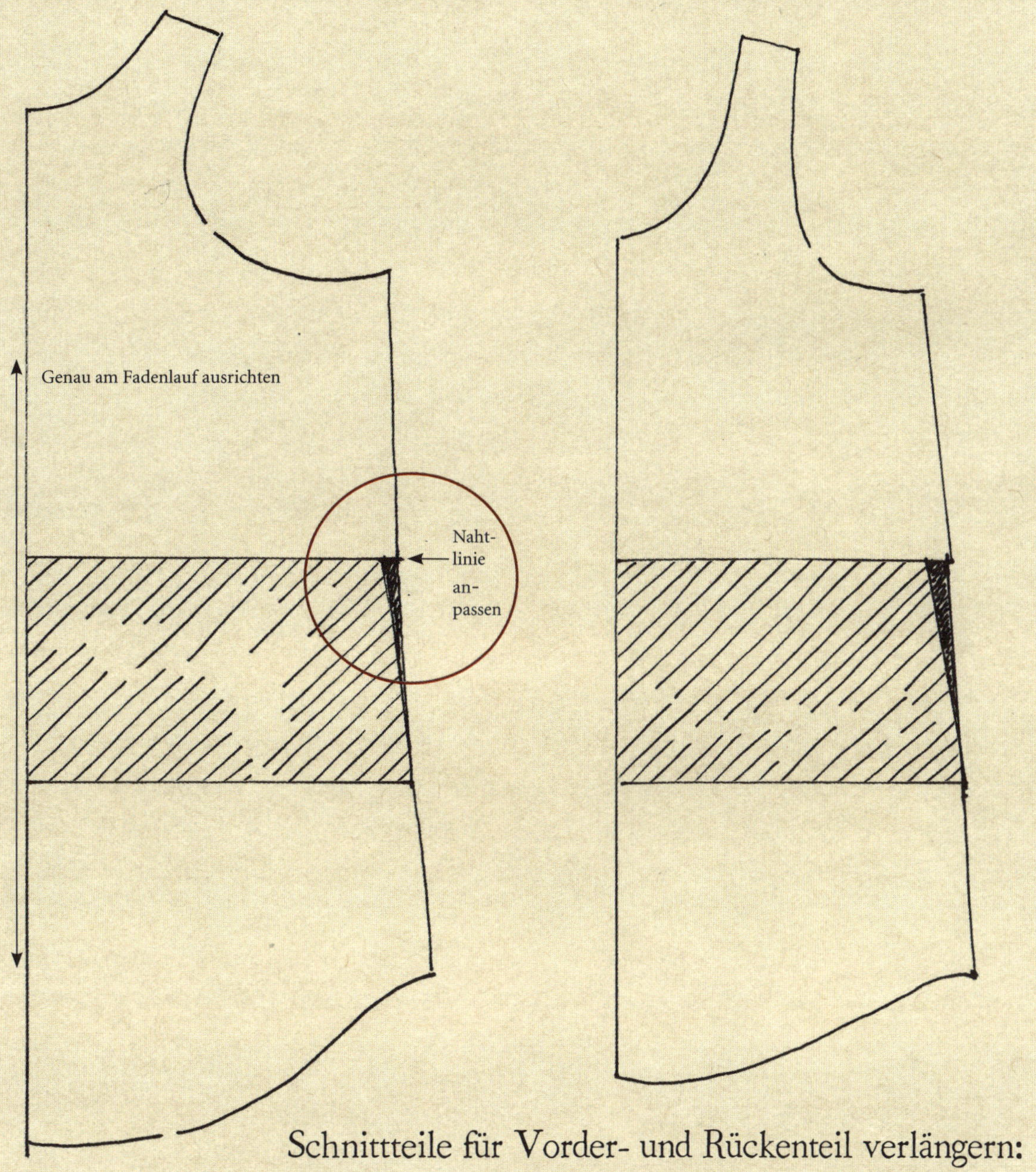

Schnittteile für Vorder- und Rückenteil verlängern:

Pausen Sie die Schnittteile für Vorder- und Rückenteil des Bantam-Tops ab. Schneiden Sie beide an der eingezeichneten Linie auf und verlängern Sie sie um 40 cm. Achten Sie darauf, dass die Schnittteile am Fadenlauf ausgerichtet bleiben und passen Sie die Nahtlinien wie oben dargestellt an.

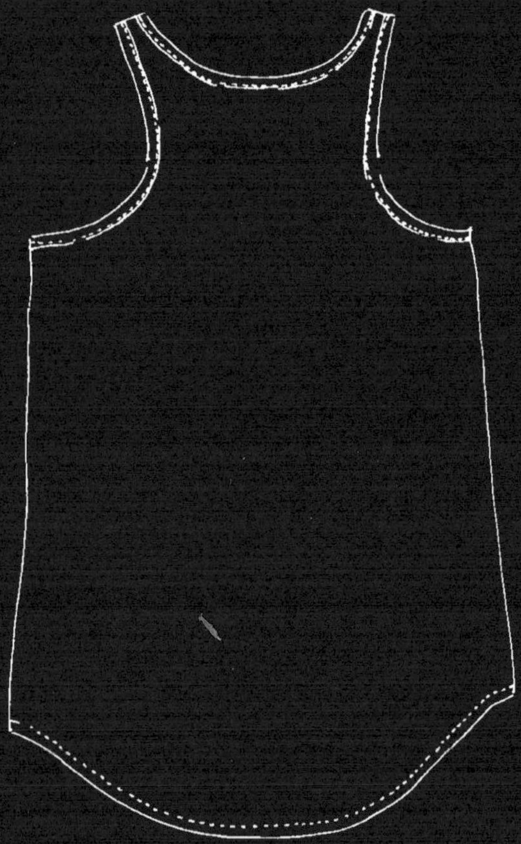

Stoffmengen

Bantam-Top

Größe	**140 cm breit**	**120 cm breit**
8	1,25 m	1,35 m
10	1,30 m	1,45 m
12	1,35 m	1,55 m
14	1,35 m	1,65 m
16	1,40 m	1,75 m
18	1,40 m	1,75 m

Bantam-Kleid

Größe	**140 cm breit**	**120 cm breit**
8	1,65 m	1,75 m
10	1,65 m	1,80 m
12	1,70 m	1,90 m
14	1,75 m	2 m
16	1,80 m	2 m
18	1,90 m	2 m

Kurzwaren für beide Modelle: Nähgarn in passender Farbe

Maße (cm)

Bantam-Top	**8**	**10**	**12**	**14**	**16**	**18**
Länge ab hinterem Halsausschnitt	67,5	68	68,5	69	69,5	70
Brustumfang	93	98	103	108	113	118
Bantam-Kleid						
Länge ab hinterem Halsausschnitt	107,5	108	108,5	109	109,5	110
Brustumfang	93	98	103	108	113	118

A LA RENAISSANCE
DENAIN

BANTAM

Zuschneidepläne für beide VARIANTEN

Top

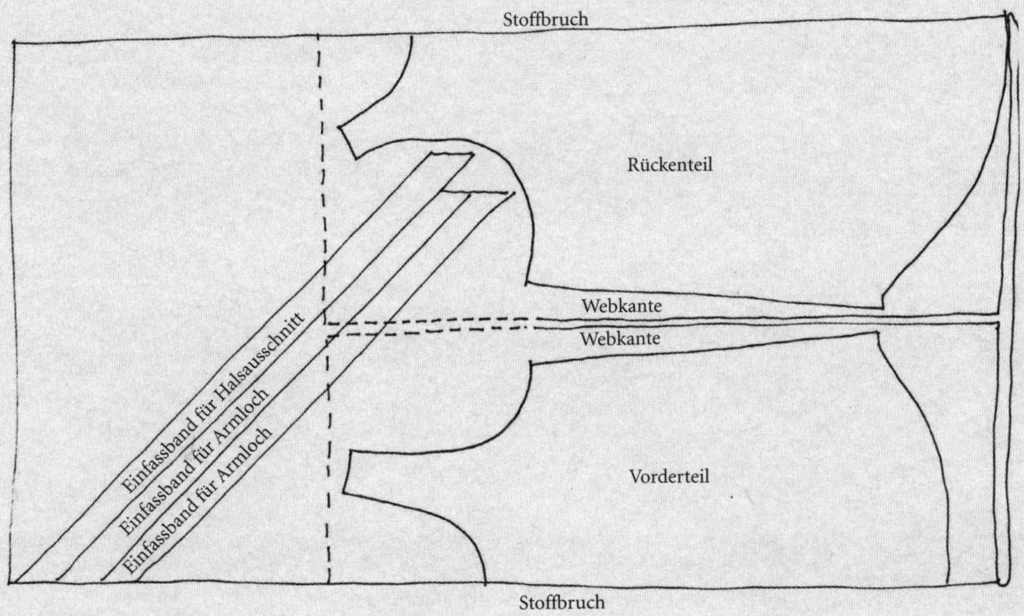

Den Stoff so falten, dass die Webkanten in der Mitte aufeinandertreffen. Dann Vorder- und Rückenteil zuschneiden. Anschließend den Stoff wieder auseinanderfalten, um die Einfassbänder für den Halsausschnitt und die Armausschnitte zuzuschneiden.

Kleid

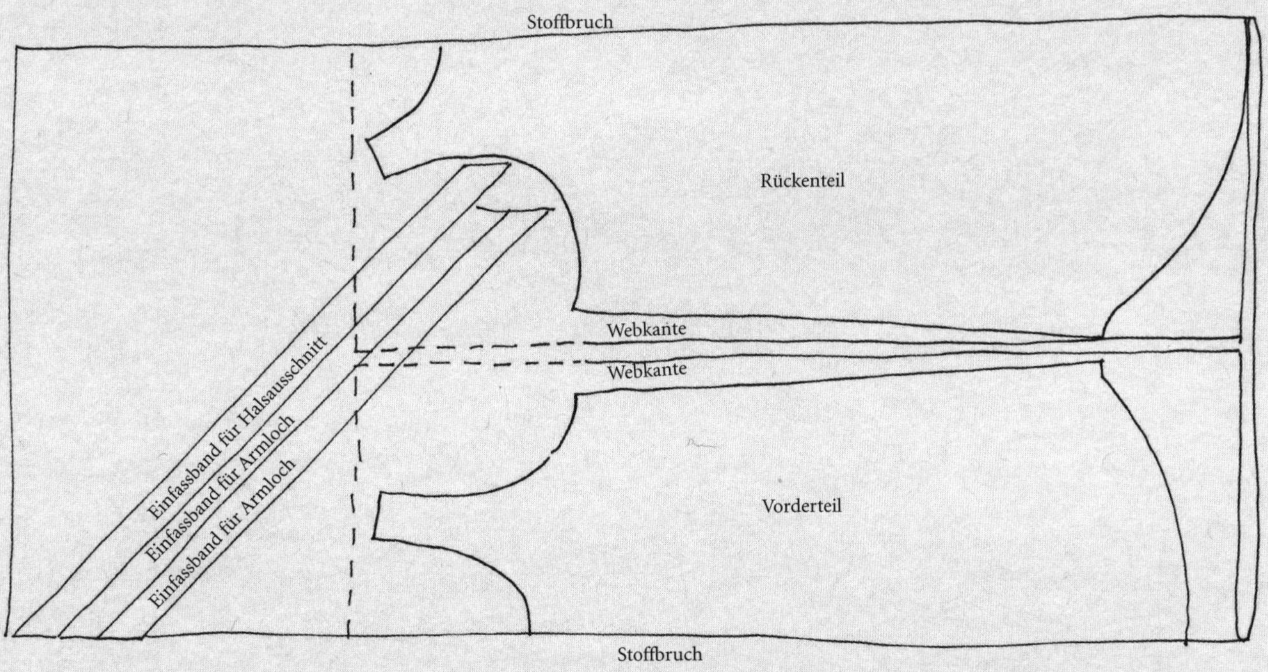

BANTAM-TOP

Nähanleitung

Stütznaht

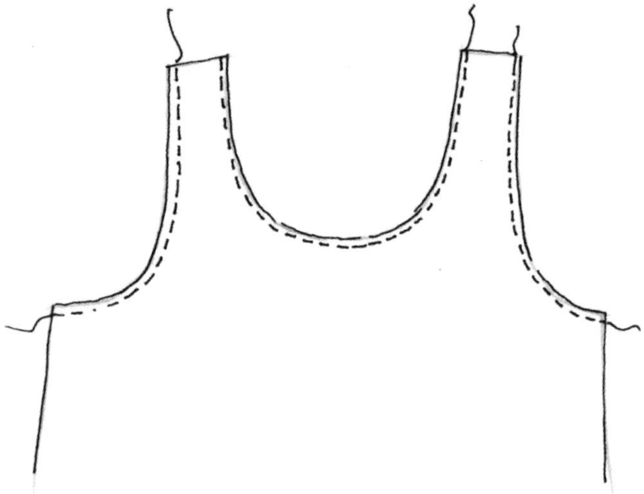

Der Halsausschnitt und die Armausschnitte sind dehnbar und können leicht ihre Form verlieren, wenn Sie die Einfassbänder aufsteppen. Um zu vermeiden, dass die Ausschnitte sich verziehen, wird mit Geradstich die Stütznaht dicht an der Nahtlinie auf die Nahtzugabe gesteppt.

1. Nehmen Sie das Vorder- und das Rückenteil und steppen Sie knapp innerhalb der Nahtzugabe eine Stütznaht um die Armausschnitte und den Halsausschnitt. Verriegeln Sie die Nähte nicht, sondern lassen Sie die Fadenenden lose.

2. Legen Sie Vorder- und Rückenteil auf die entsprechenden Schnittteile und prüfen Sie, ob der Stoff sich verzogen hat. Ziehen sie die Fäden der Stütznähte zusammen oder lockern Sie sie, um die Stoffteile wieder in Form zu bringen, falls dies nötig ist.

Saum

Als Nächstes wird der Saum gesteppt, da er zu stark gerundet ist, um ihn am Schluss sauber umzuschlagen.

3. Arbeiten Sie von links, um den Saum zu nähen. Bügeln Sie an der Unterkante 2 cm nach oben.

4. Falten Sie den gebügelten Saum wieder auf und schlagen Sie ihn nun bis zur Bügelkante um.

5. Schlagen Sie den Saum an der Bügelkante noch einmal um und steppen Sie ihn knappkantig ab. Bügeln Sie den fertigen Saum.

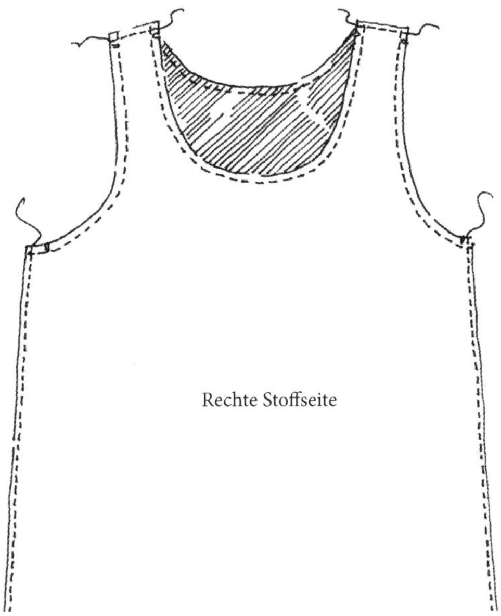

Mit Französischen Nähten (auch Rechts-Links-Naht genannt) wird dieses einfache Top adrett und formstabil.

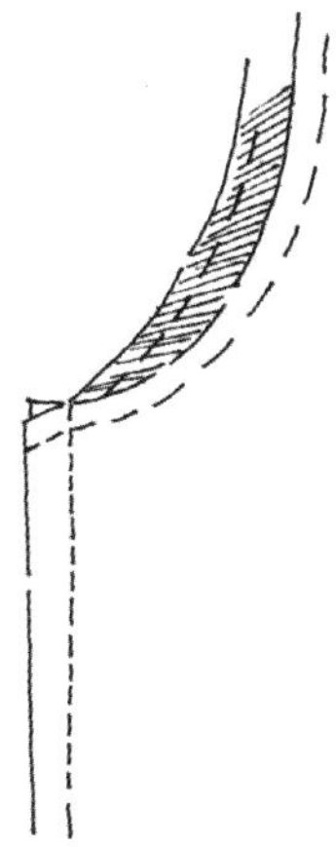

6. Legen Sie Vorder- und Rückenteil links auf links aufeinander und stecken Sie diese an den Schulter- und Seitennähten zusammen. Steppen sie 0,75 cm von der Nahtkante (auf der Hälfte der Nahtzugabe): Dabei müssen Sie sehr sorgfältig arbeiten, damit das Top später perfekt sitzt.

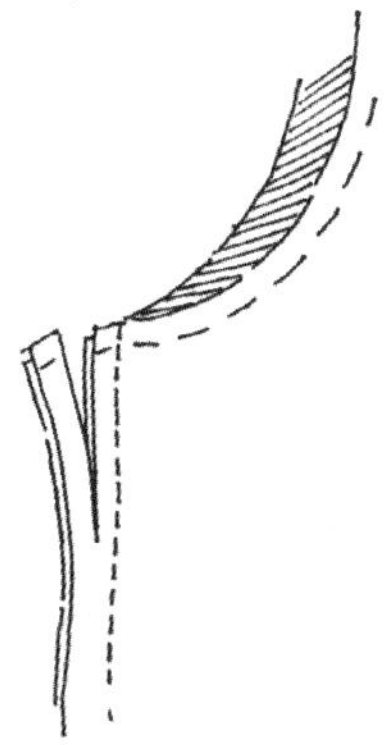

7. Beschneiden Sie die Nähte und bügeln Sie sie Richtung Rückenteil.

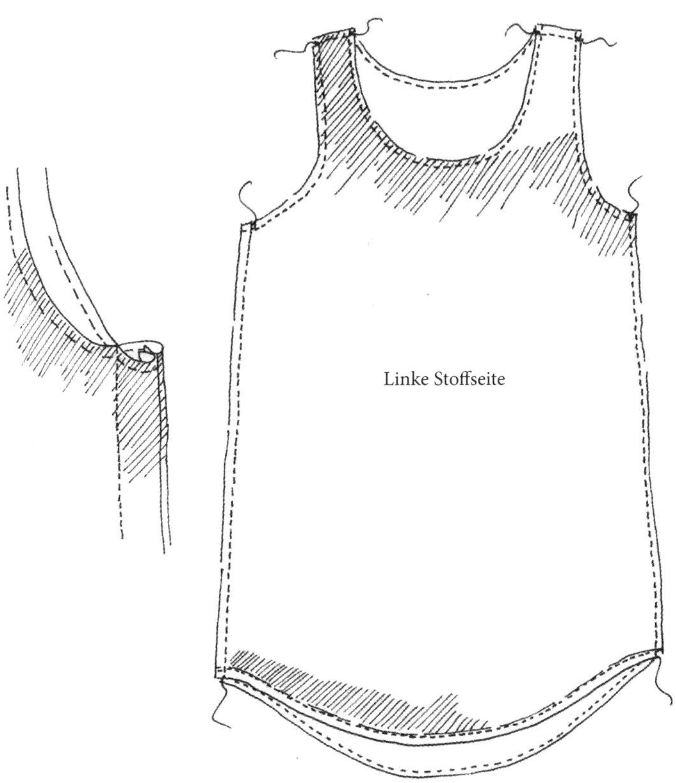

8. Drehen Sie das Top auf links und bügeln Sie es. Steppen Sie noch einmal mit genau 0,75 cm Nahtzugabe entlang der Nahtlinie (siehe Abbildung). Bügeln Sie den Saum Richtung Rückenteil.

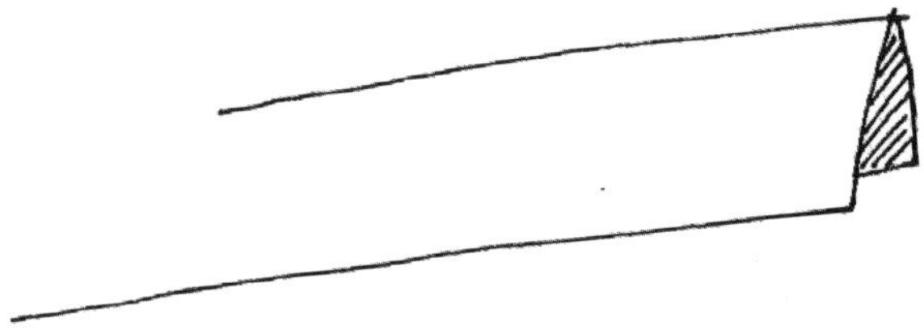

9. Fertigen Sie nun die Schrägstreifen zum Einfassen. Falten Sie den zugeschnittenen Stoffstreifen der Länge nach und bügeln Sie ihn.

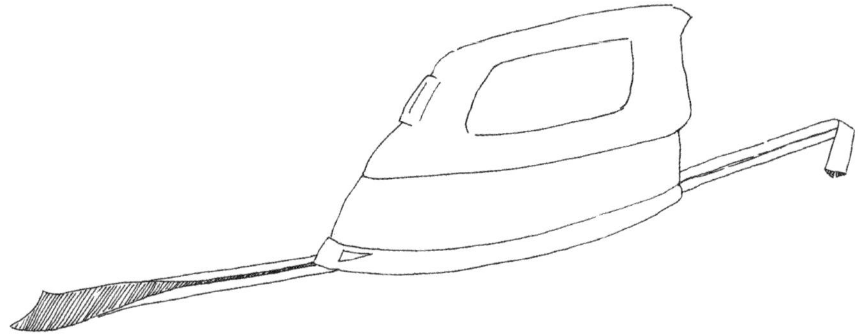

10. Bügeln Sie die beiden Längskanten so zur Mitte, dass sie am Bügelfalz aufeinandertreffen.

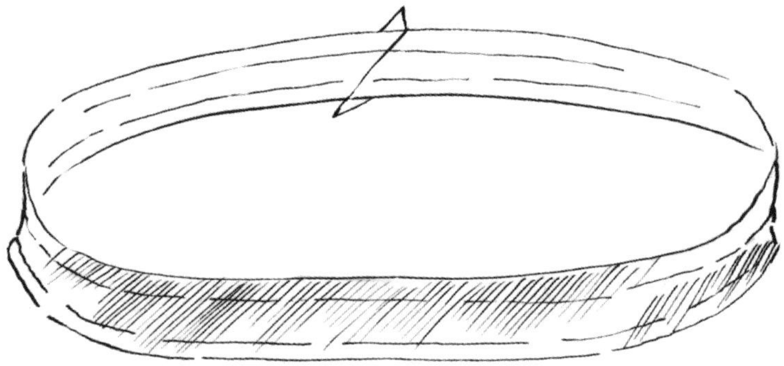

11. Legen Sie die Enden rechts auf rechts im 45-Grad-Winkel aneinander, sodass sie ein «V» bilden. Steppen Sie eine rückwärtige Naht.

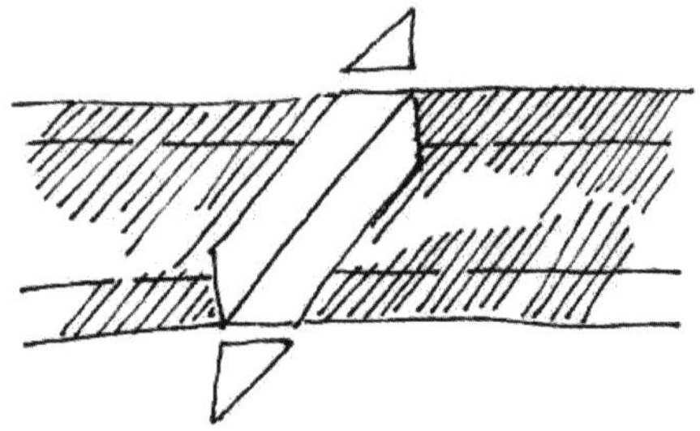

12. Schneiden Sie die überstehenden Ecken ab und bügeln Sie die Naht auseinander.

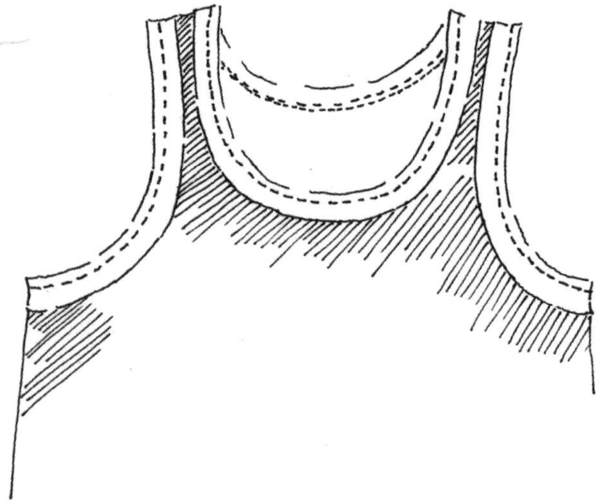

13. Stecken Sie das Schrägband mit der rechten Seite auf die linke Seite des Halsausschnittes und der Armausschnitte und steppen Sie es entlang der Bruchkante fest. Die Stütznaht sollte sich auf der Innenseite der neuen Naht befinden.

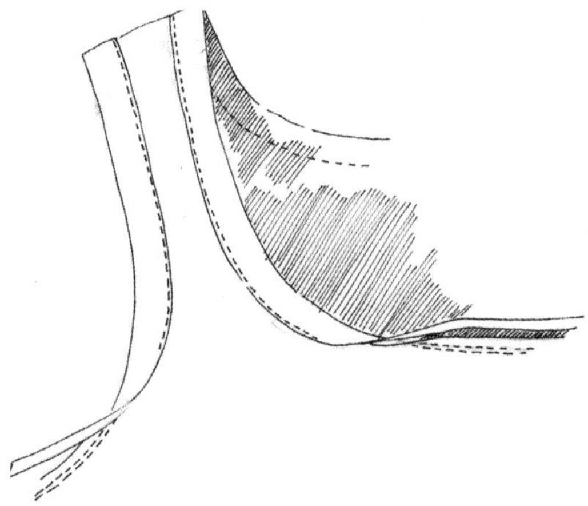

14. Drehen Sie das Top auf rechts. Bügeln Sie die gesamte Einfassung nach rechts, sodass die Nahtkante die Kante des Halsausschnittes und der Armausschnitte bildet. Steppen Sie die Einfassung knappkantig fest und bügeln Sie das fertige Kleidungsstück.

HABILLEZ-VOUS
"A LA RENAISSANCE"
DENAIN

MODELL CURLEW

Ein Kleid im Schrägschnitt ist verführerisch. Es umspielt Ihren Körper, folgt fließend Ihren Bewegungen und schmeichelt Ihrer Figur, sodass Sie sich großartig fühlen werden. Es ist dehnbar und schmiegt sich dem Körper an, ohne einzuengen, und es verleiht Ihnen Kontur, ohne jede einzelne Rundung auszustellen, wie manche Strickstoffe es tun.

Das Modell Curlew wird in drei Varianten auf der Grundlage von zwei verschiedenen Schnittmustern angeboten. Das Kleid zeichnet sich durch die erwähnten Vorzüge des Schrägschnitts aus. Hinzu kommen ein tiefer Ausschnitt, sehr lange, schlanke Ärmel und eine geschwungene, rückwärtige Taillennaht als souveränes feminines Bekenntnis. Das Kleid hat eine halbtaillierte Passform und endet unter dem Knie. Wir haben es aus grauem Leinen und 5oz Denim genäht, um den glamourösen Schnitt mit entspanntem Tragekomfort zu verbinden.

Für das ärmellose T-Shirt liegt ein eigenes Schnittmuster mit höherem Ausschnitt vor. Das T-Shirt kann unter dem Kleid getragen werden und lugt dann unter dem Kleidausschnitt hervor. Halsausschnitt und Armlöcher werden mit Schrägband eingefasst, alle Nähte werden mit Französischen Nähten gefertigt. Wir haben zwei T-Shirts aus feinem Baumwollmusselin hergestellt, die übereinander getragen werden.

Das Curlew-Langarmshirt wird mit dem Schnittmuster des T-Shirts und den Ärmel-Schnittteilen für das Kleid gefertigt. Wir haben ein Langarmshirt aus feinem Baumwollmusselin hergestellt, dessen Rumpfteil mit demselben Stoff gefüttert ist.

CURLEW-KLEID

Schnittmuster

Das Curlew-Kleid hat sechs Schnittteile:

Vorderteil | oberes Rückenteil | Rock hinten | 2 x Ärmel | Einfassband für den Halsausschnitt

Die Schnittteile müssen jeweils als Ganzes von den Bögen F, G & H übertragen werden (halbe Schnittteile doppelt anlegen).

Alle Teile werden schräg zum Fadenlauf zugeschnitten.

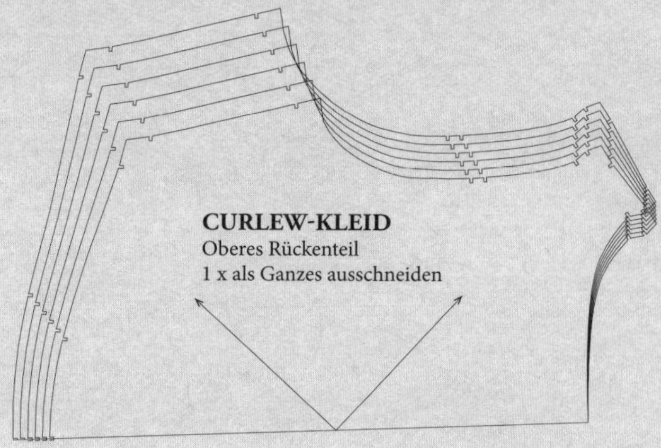

Sämtliche Naht- und Saumzugaben sind in den Schnittmustern enthalten

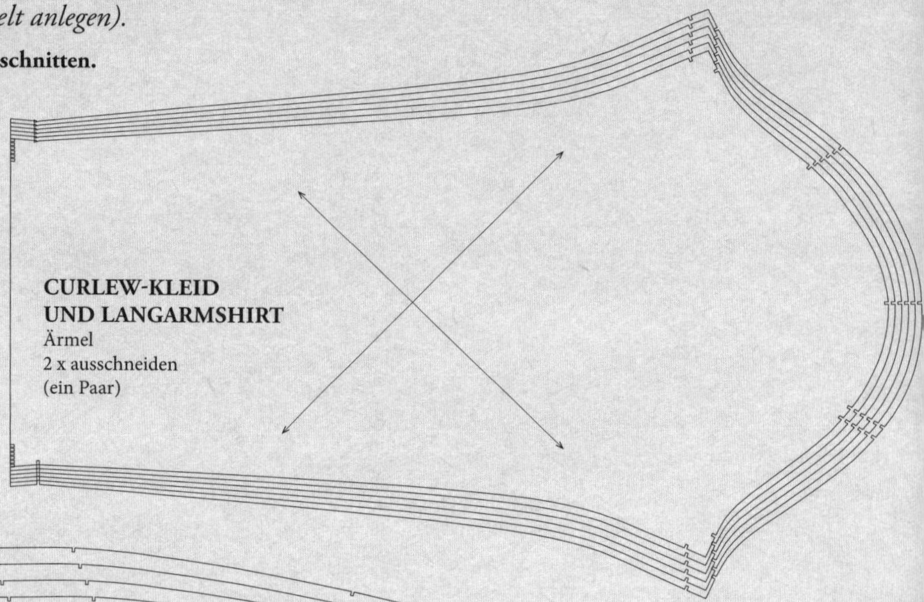

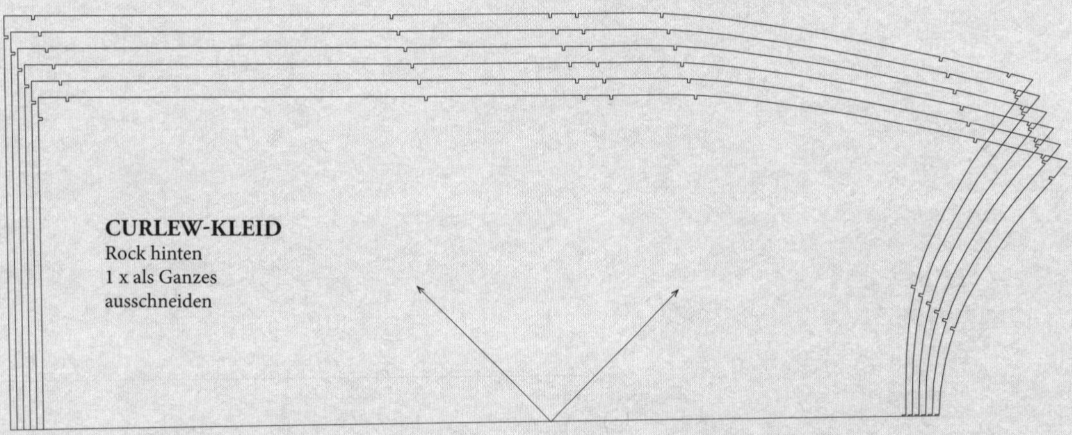

Das Modell hat sehr schlanke Ärmel. Für weitere Ärmel fügen Sie an der Stelle, wo der Ärmel sich verjüngt, Weite an der Ärmelnaht hinzu.

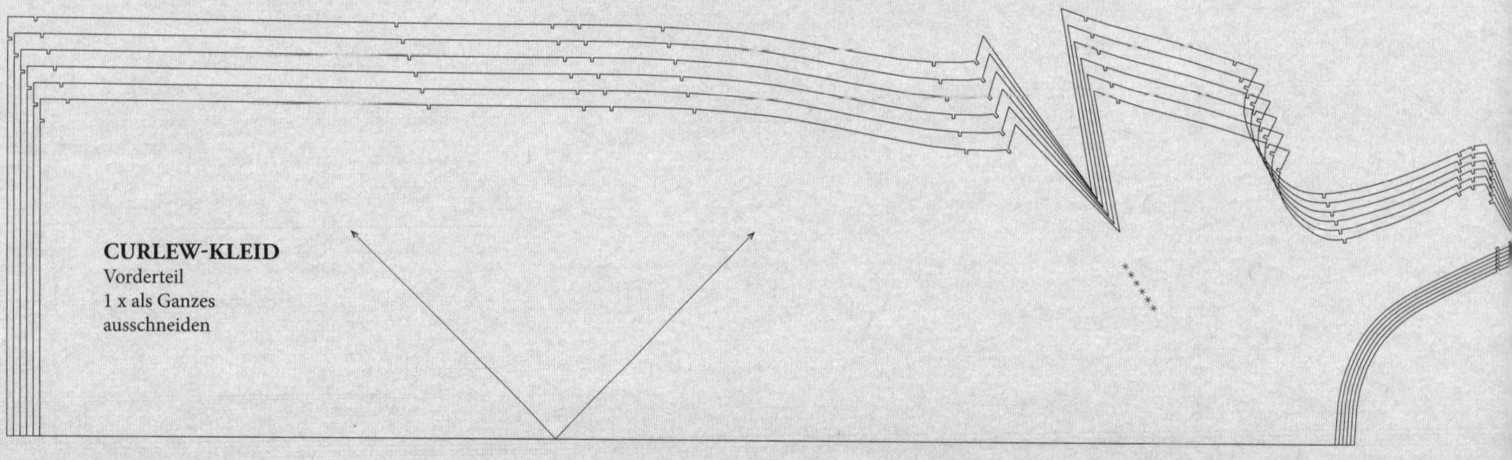

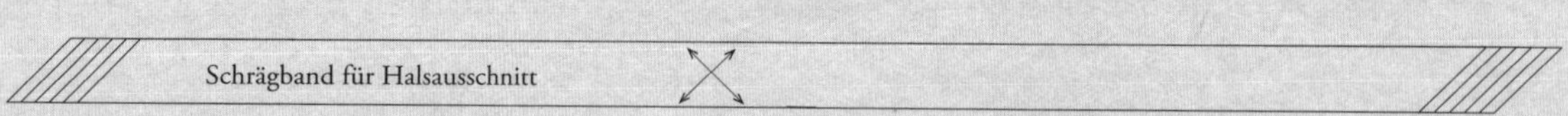

CURLEW-
LANGARMSHIRT
& ÄRMELLOSES T-SHIRT
Schnittmuster

Das Langarmshirt besteht aus sechs Schnittteilen:
2 x Vorderteil | 2 x Rückenteil | 2 x Ärmel
Die Schnittteile müssen jeweils als Ganzes von den Bögen F, G & H übertragen werden (halbe Schnittteile doppelt anlegen).

Alle Teile werden schräg zum Fadenlauf zugeschnitten.

Das ärmellose T-Shirt besteht aus fünf Schnittteilen:
Vorderteil | Rückenteil | Einfassband für den Halsausschnitt | 2 x Einfassband für die Armausschnitte
Die Schnittteile müssen jeweils als Ganzes von den Bögen F & G übertragen werden (halbe Schnittteile doppelt anlegen).

Alle Teile werden schräg zum Fadenlauf zugeschnitten.

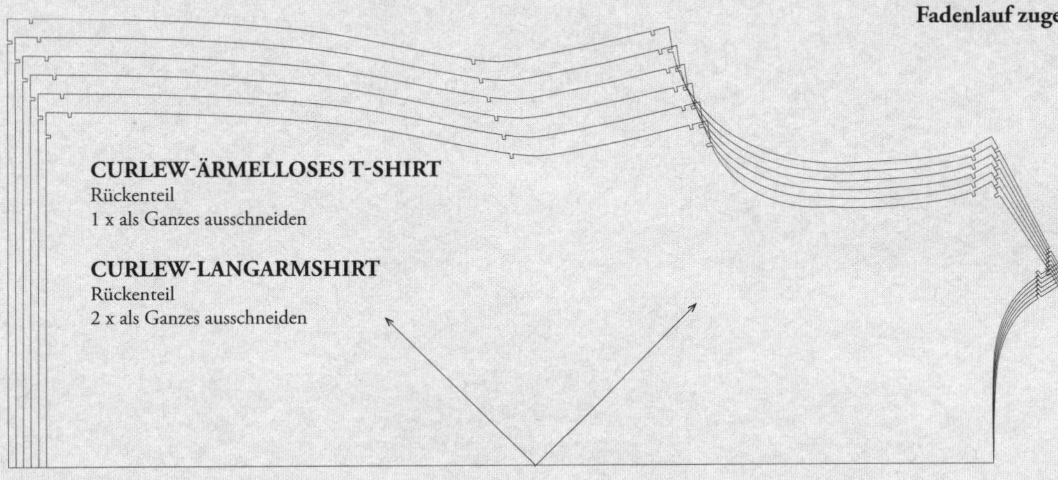

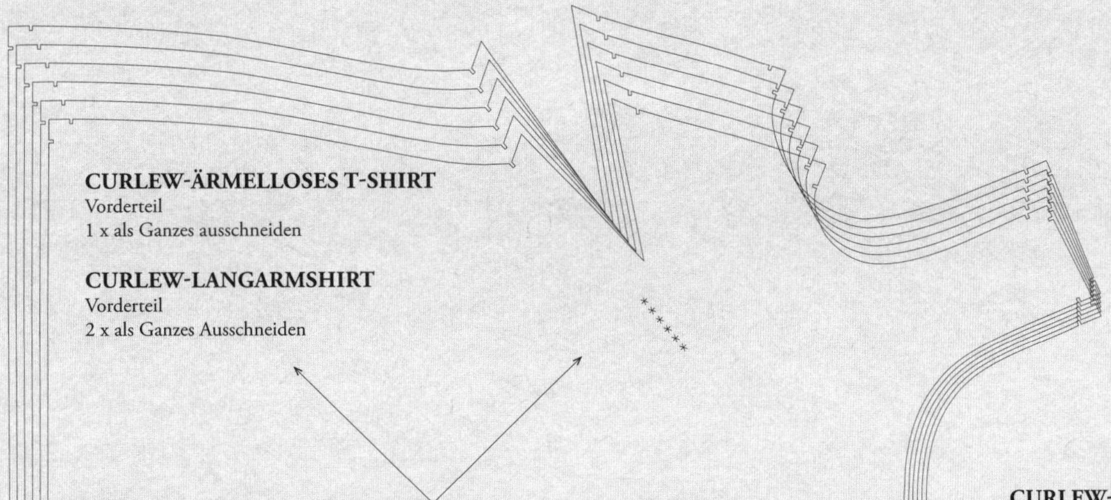

CURLEW-ÄRMELLOSES T-SHIRT
Einfassband für den Halsausschnitt
1 x ausschneiden

CURLEW-ÄRMELLOSES T-SHIRT
Einfassband für die Armausschnitte
2 x ausschneiden (ein Paar)

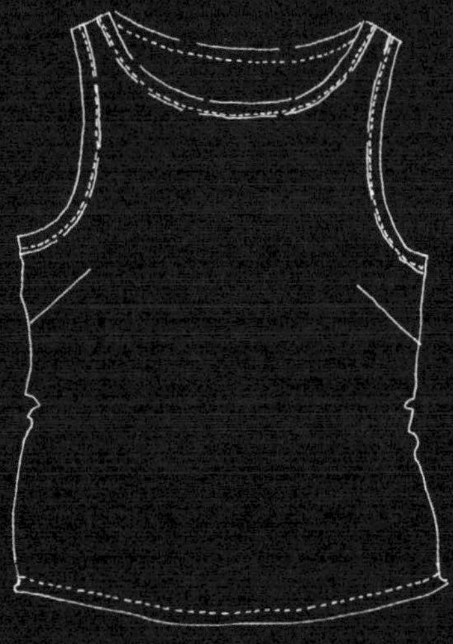

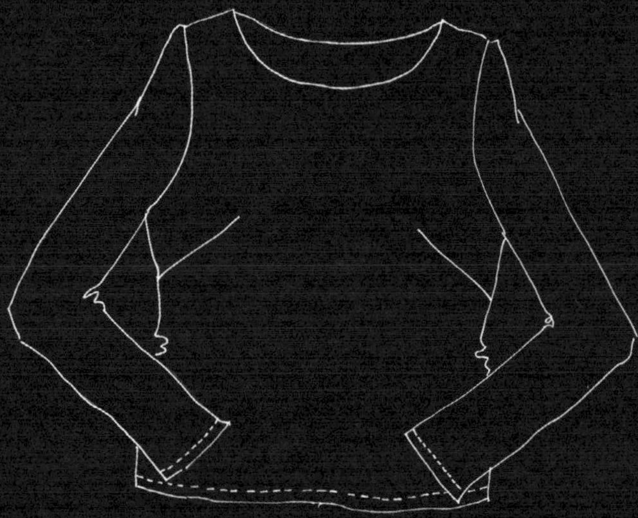

Stoffmengen

Für das Curlew-Kleid benötigen Sie eine Stoffbreite von mindestens 140 cm.

Größe	140 cm breit
8	3 m
10	3 m
12	3,10 m
14	3,20 m
16	3,40 m
18	3,60 m

Für das Curlew-Langarmshirt benötigen Sie das Vorder- und das Rückenteil jeweils zweimal.

Größe	140 cm breit	120 cm breit
8	4,20 m	4,20 m
10	4,20 m	4,20 m
12	4,30 m	4,30 m
14	4,40 m	4,40 m
16	4,60 m	4,60 m
18	4,80 m	4,80 m

Curlew – Ärmelloses T-Shirt

Größe	140 cm breit	120 cm breit
8	1,55 m	1,55 m
10	1,60 m	1,60 m
12	1,65 m	1,65 m
14	1,70 m	1,70 m
16	1,75 m	1,75 m
18	1,80 m	1,80 m

Kurzwaren für alle Modelle: passendes Nähgarn, feines Nahtband

Maße (cm)

Curlew-Kleid	**8**	**10**	**12**	**14**	**16**	**18**
Länge ab hinterem Halsausschnitt	99	99,5	100	100,5	101	101,5
Brustumfang	86	91	96	101	106	111
Hüftumfang	94	99	104	109	114	119
Ärmel außen	63	63,5	64	64,5	65	66
Curlew – Ärmelloses T-Shirt und Langarmshirt						
Länge ab hinterem Halsausschnitt	60	60,5	61	61,5	62	62,5
Brustumfang	88	93	98	103	108	113

Im Schrägschnitt arbeiten

Die Regeln des Schrägschnitts
Wenn Sie den Stoff für Modelle im Schrägschnitt schräg zum Fadenlauf zuschneiden und nähen, gilt es, einige Regeln zu beachten, damit das fertige Kleidungsstück sich später an den richtigen Stellen dehnt bzw. stabil bleibt und die perfekte Form erhält.

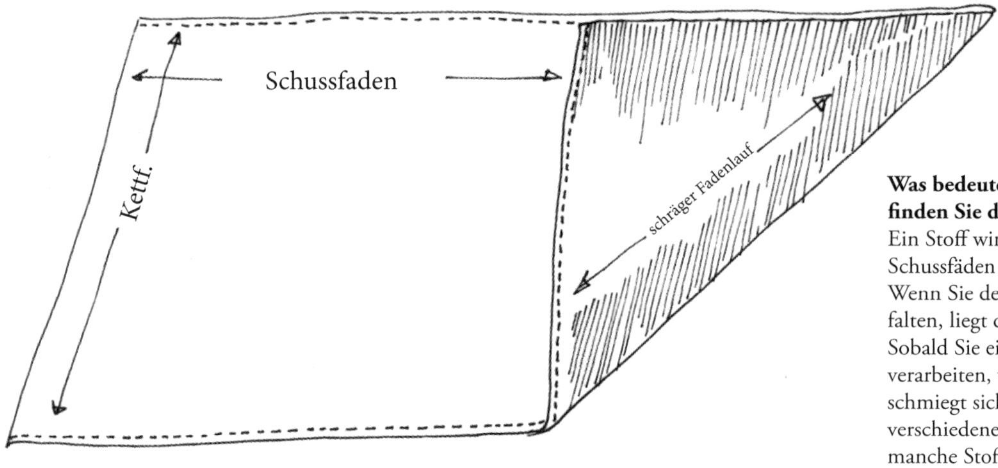

Was bedeutet «schräg zum Fadenlauf» und wie finden Sie die richtige Ausrichtung?
Ein Stoff wird hergestellt, indem man Kett- und Schussfäden im rechten Winkel zueinander verwebt. Wenn Sie den Stoff in einem Winkel von 45 Grad falten, liegt der Stoffbruch schräg zum Fadenlauf. Sobald Sie einen Stoff schräg zum Fadenlauf verarbeiten, verhält er sich anders; er dehnt sich und schmiegt sich an den Körper. Dieser Effekt ist bei verschiedenen Stoffen unterschiedlich ausgeprägt; manche Stoffe dehnen sich später mehr als andere.

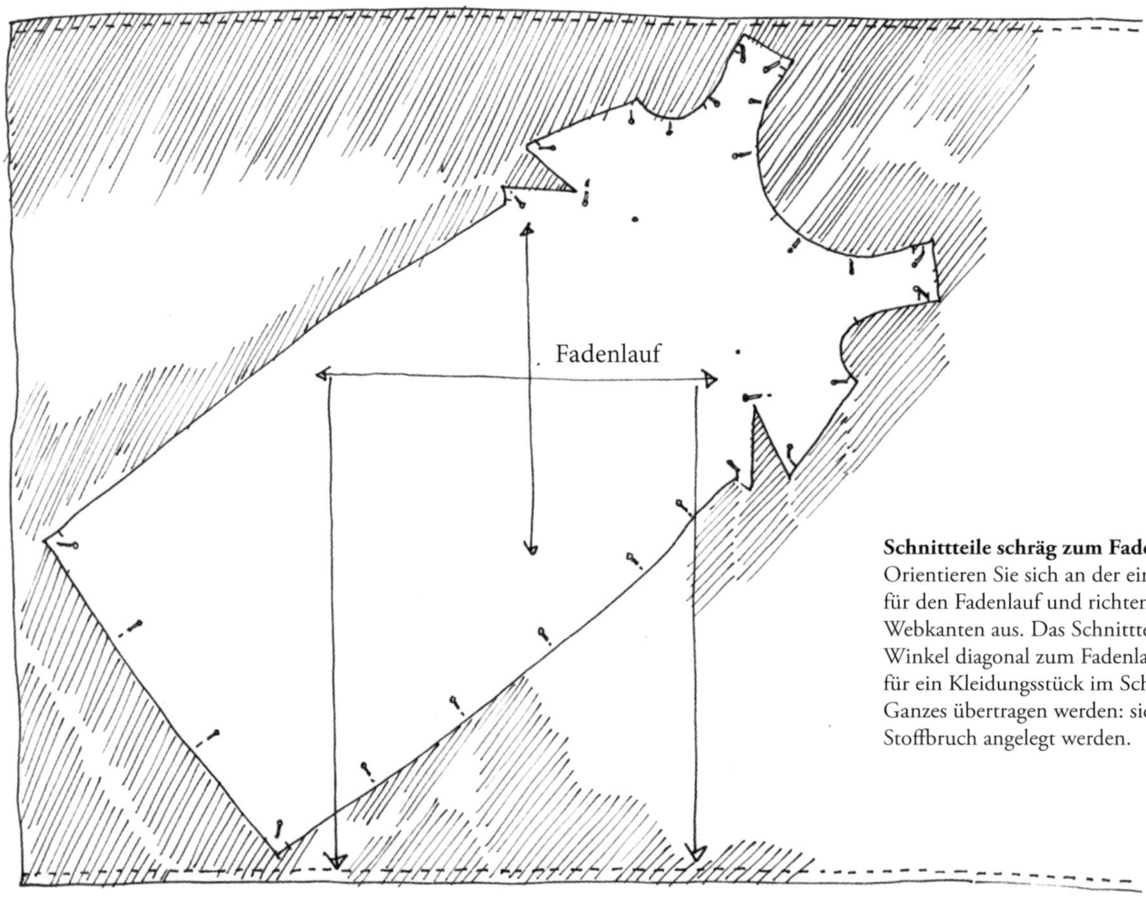

Schnittteile schräg zum Fadenlauf ausrichten
Orientieren Sie sich an der eingezeichneten Linie für den Fadenlauf und richten Sie sie parallel zu den Webkanten aus. Das Schnittteil liegt nun im 45-Grad-Winkel diagonal zum Fadenlauf. Alle Schnittteile für ein Kleidungsstück im Schrägschnitt müssen als Ganzes übertragen werden: sie können nicht an den Stoffbruch angelegt werden.

Zuschneideplan

Für Kleidungsstücke im Schrägschnitt brauchen Sie unter Umständen viel Stoff, da nach bestimmten Vorgaben zugeschnitten werden muss. Damit der Stoff sich später nicht verzieht, sollten sich die Seitennähte in gleicher Stoffrichtung befinden, damit sie zueinander passen. Gleiches gilt für die Ärmel. Die Schnittteile für die Ärmel können nicht nebeneinander angeordnet werden, sondern müssen Armkugel an Armkugel liegen.

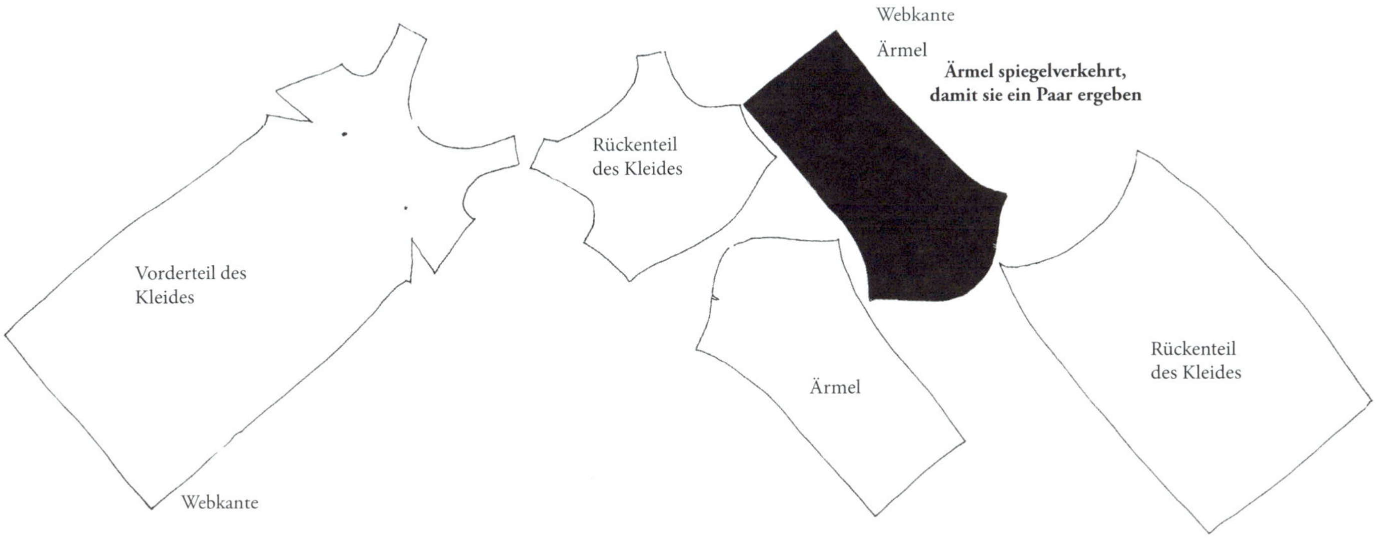

Elastizität

Weil Kleidungsstücke im Schrägschnitt nach dem Nähen in Form fallen, verstärken wir die Seitennähte nicht. Sie sollen sich dehnen dürfen. Die Seitennähte und Abnäher sollten mit einem schmalen Zickzackstich genäht werden (1 breit, 2,5 lang). So können sich die Stiche dehnen, wenn das Kleidungsstück am Körper in Form fällt.

Kontrolle

Um zu verhindern, dass das Kleidungsstück sich an den falschen Stellen dehnt und die Form verliert, müssen andere Nähte stabilisiert und verstärkt werden. Dazu wird feines, leichtes Nahtband am Halsausschnitt, an den Armausschnitten, an der rückwärtigen Taillennaht und den rückwärtigen Schulternähten knapp innerhalb (oder unmittelbar auf) der Nahtlinie der Nahtzugabe aufgesteppt.
Sie können stattdessen auch einen schmalen Streifen aus dünnem Organza oder Chiffon verwenden (gerade zugeschnitten).

Achtung!

Was geschieht, wenn Sie diesen Schnitt verwenden, ohne die Regeln zu beherzigen?
Wir haben das Kleid aus Leinen genäht und festgestellt, dass es seine Form behält, obwohl wir die Nähte nicht mit Nahtband verstärkt haben. Als wir jedoch einen geraden Stich statt des Zickzackstiches verwendet haben, war die Belastung der Nähte zu groß und die Stiche sind aufgegangen.

CURLEW

Zuschneidepläne für die drei Varianten

Kleid

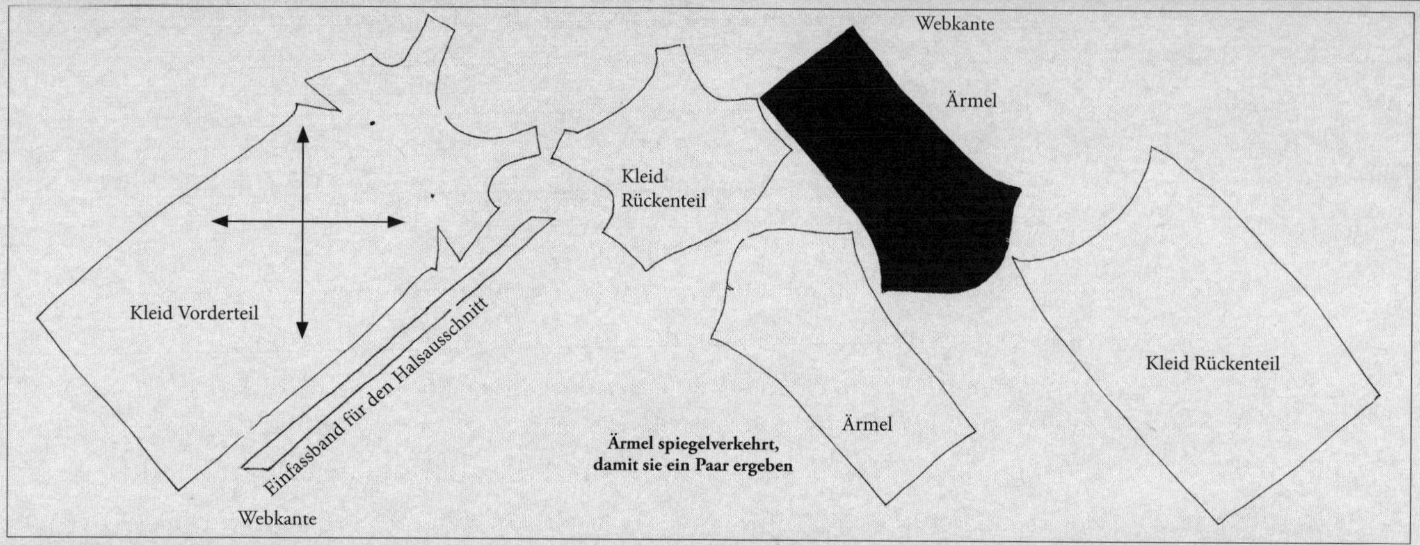

Langarmshirt

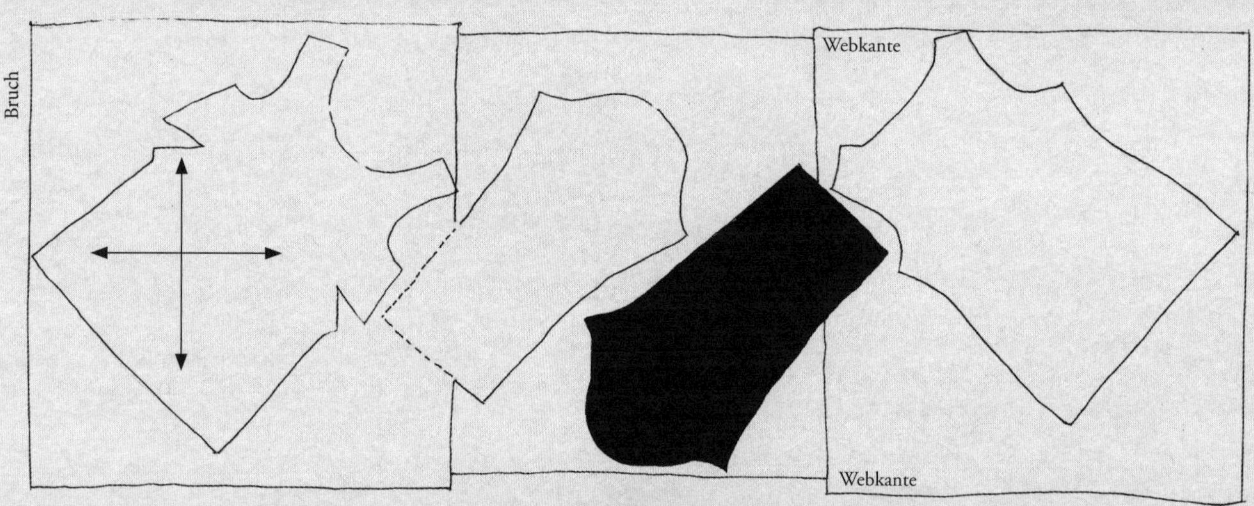

Um Vorder- und Rückenteil für das Langarmshirt zuzuschneiden, falten Sie beide Stoffenden so zur Mitte, dass sie aufeinandertreffen. Der Stoff liegt nun doppelt, und Sie können das Vorderteil und das Rückenteil jeweils zweimal ausschneiden.

Ärmelloses T-Shirt

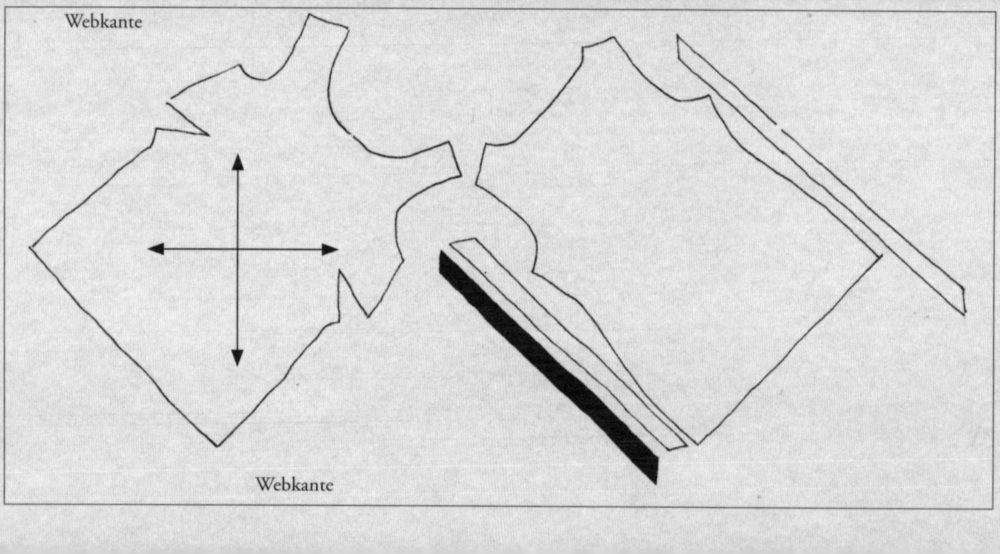

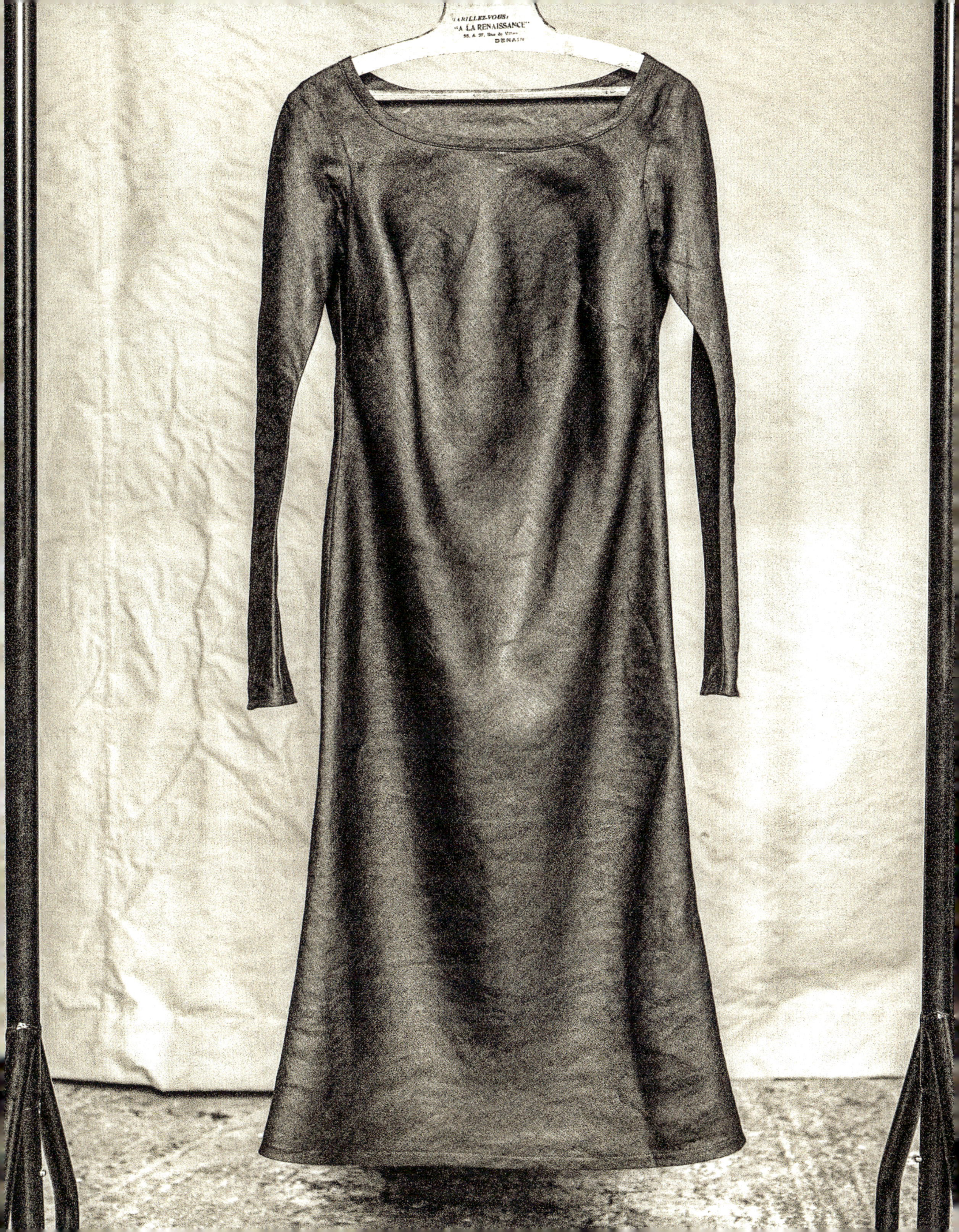
"A LA RENAISSANCE"
DENAIN

CURLEW-KLEID

Nähanleitung

Nahtband

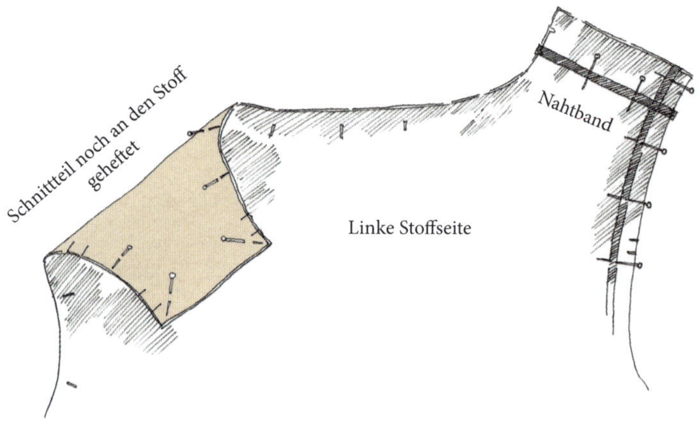

1. Platzieren Sie die Schnittteile auf der rechten Stoffseite, wie auf dem Zuschneideplan dargestellt. Schneiden Sie alle Teile aus. Die Schnittteile für das Vorderteil und das obere Rückenteil bleiben an den Stoffteilen befestigt. Stecken Sie das Nahtband entlang der Nahtlinie der Nahtzugabe für die Armlöcher und die rückwärtigen Schulternähte auf das Vorderteil und das obere Rückenteil.

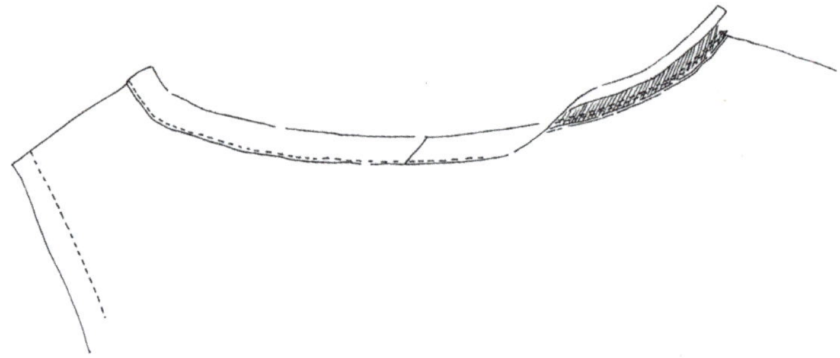

2. Weil das Schrägband, mit dem der Halsausschnitt eingefasst wird, sich später außen am Kleid befinden wird, muss das Nahtband auf der rechten Stoffseite angebracht werden. Später liegt es unter dem Einfassband.

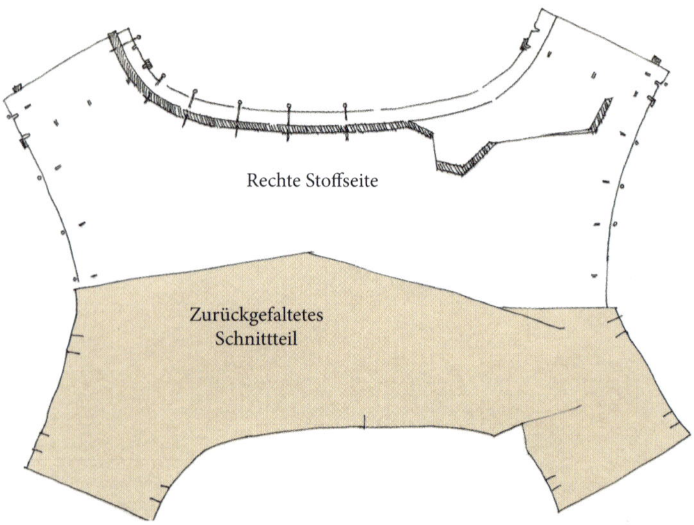

3. Lassen Sie das Vorderteil ausgebreitet liegen und lösen Sie die Stecknadeln, mit denen das Schnittteil am Halsausschnitt befestigt ist. Klappen Sie das Schnittteil zurück. Stecken Sie das Nahtband am Halsausschnitt fest. (Am Halsausschnitt beträgt die Nahtzugabe 1 cm.)

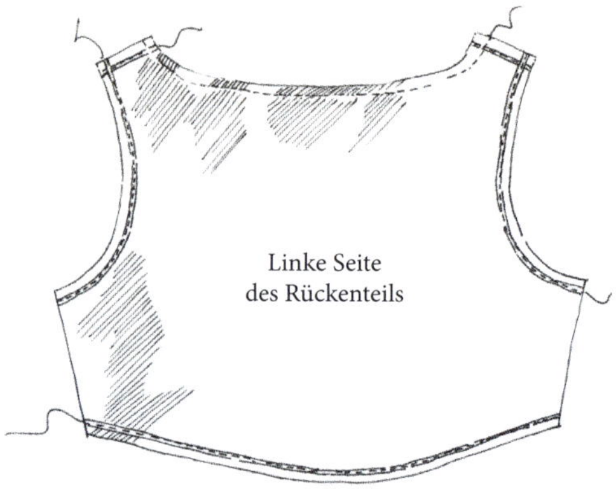

4. Entfernen Sie die Schnittteile und nähen Sie das Nahtband knapp innerhalb der Nahtzugabe fest.

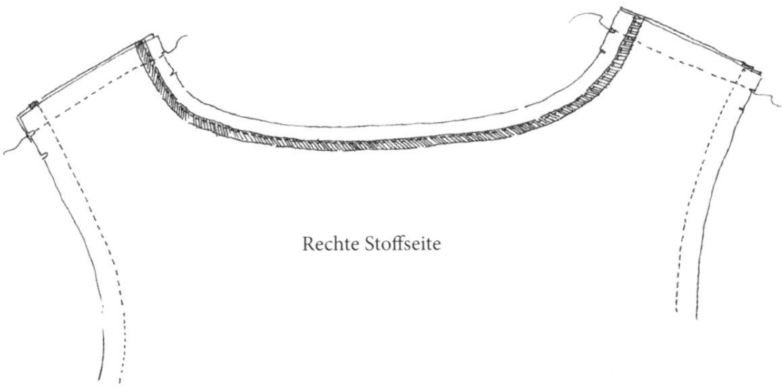

5. An den Schultern werden Französische Nähte angebracht. Weil sie sehr sorgsam genäht werden müssen, haben wir für diese Nähte zwei Arten von Querzeichen vorgegeben, an denen Sie sich orientieren können: Sie finden unterschiedliche Querzeichen für die erste Naht und für die Abschlussnaht, mit der die Kante eingefasst wird. Die Nahtzugabe beträgt bei beiden Nähten 1 cm.

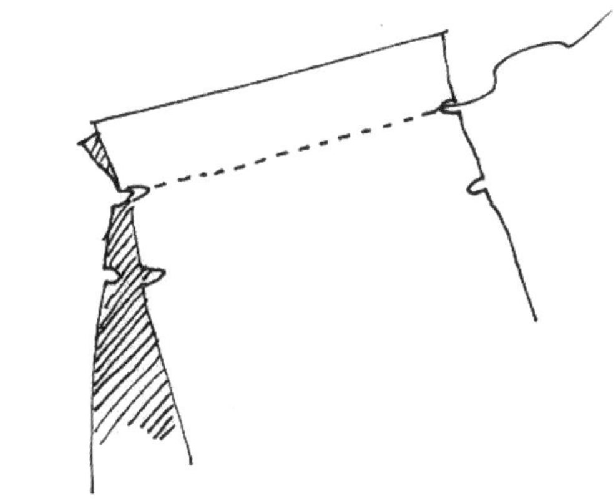

6. Stecken Sie Vorder- und Rückenteil links auf links an den Schulternähten zusammen. Bringen Sie an jeder Schulter die erste Naht an, indem Sie sich an den Knipsen orientieren, die der Stoffkante am nächsten sind.

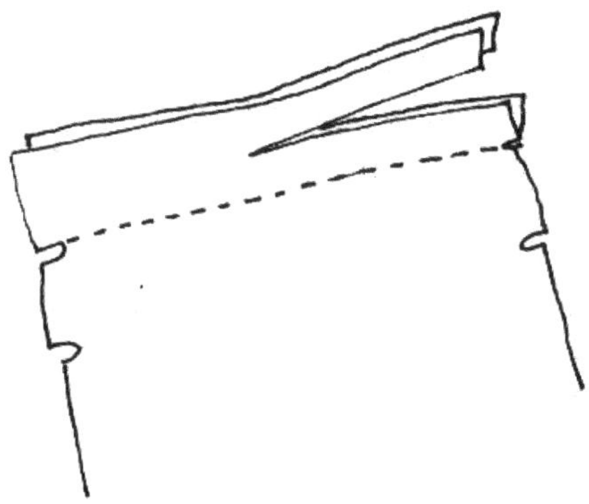

7. Bügeln Sie die Naht zunächst auseinander und dann flach. Beschneiden Sie die überstehende Nahtzugabe ein wenig.

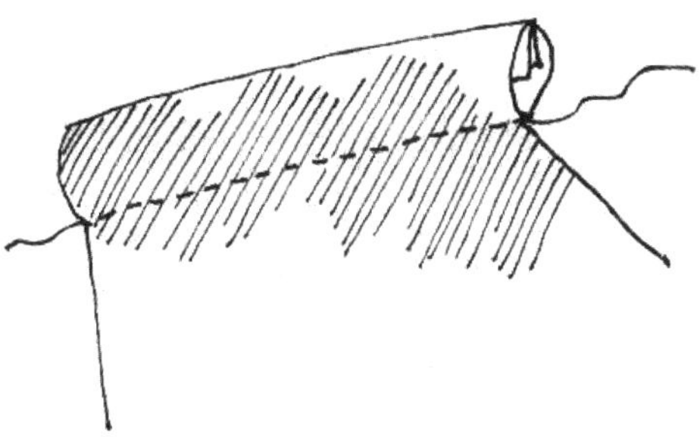

8. Wenden Sie den Stoff, sodass die Teile rechts auf rechts liegen. Steppen Sie nun die zweite Naht, indem Sie der zweiten Reihe Querzeichen folgen. So fassen Sie die offene Kante der ersten Naht ein.

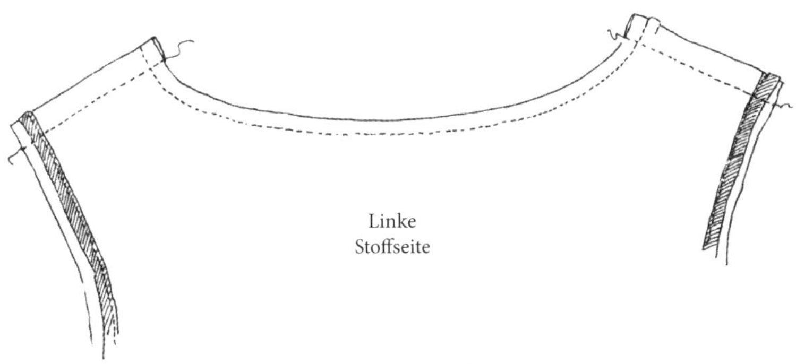

9. Bügeln Sie die Nähte Richtung Rückenteil.

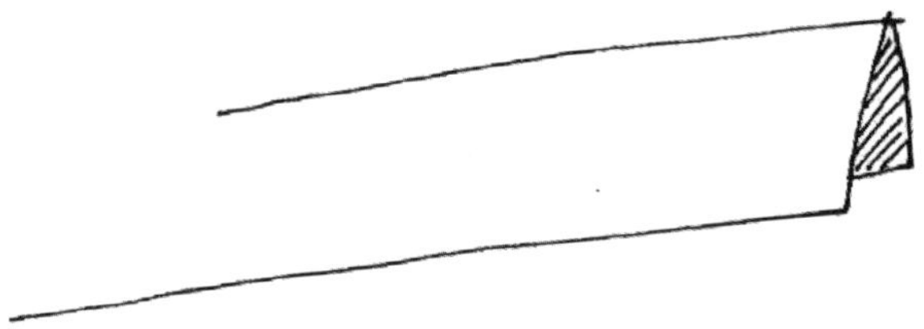

10. Um das Schrägband für die Einfassung herzustellen, falten Sie den Stoffstreifen der Länge nach und bügeln Sie ihn.

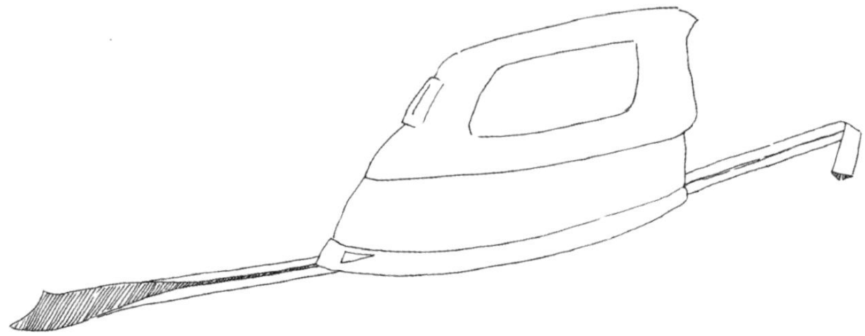

11. Bügeln Sie die beiden Längskanten zur Mitte.

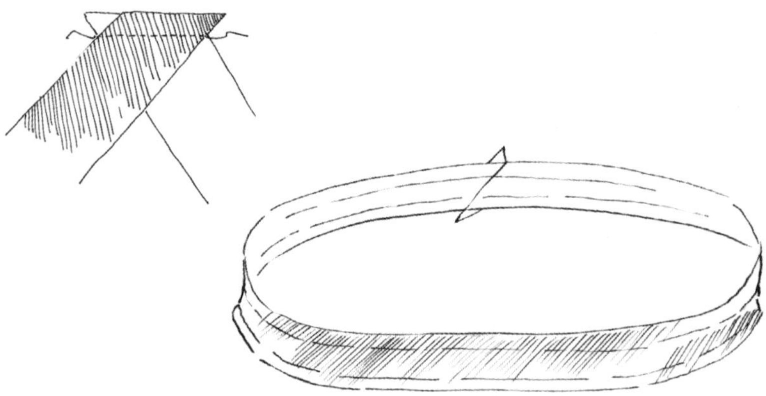

12. Steppen Sie die Enden rechts auf rechts so aneinander, dass eine diagonale rückwärtige Naht entsteht.

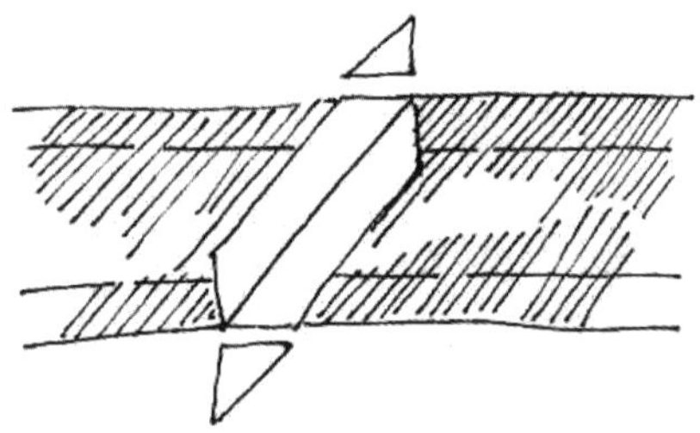

13. Schneiden Sie die überstehenden Ecken ab und bügeln Sie die Naht auseinander.

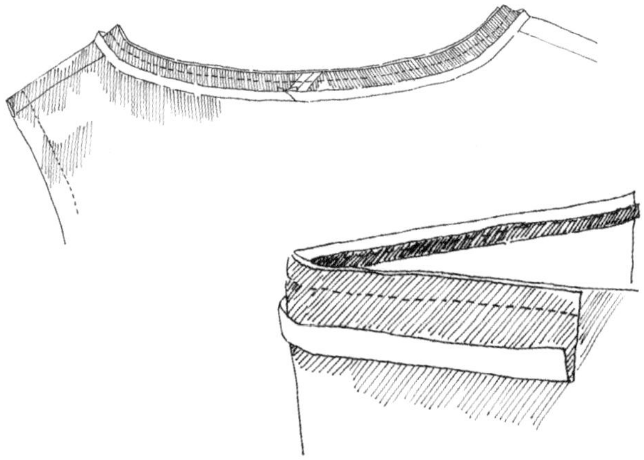

14. Beachten Sie, dass die Nahtzugabe für den Halsausschnitt 1 cm beträgt. Stecken und steppen Sie die rechte Seite des Einfassbandes an die Innenseite (linke Seite) der Kante des Halsausschnittes.

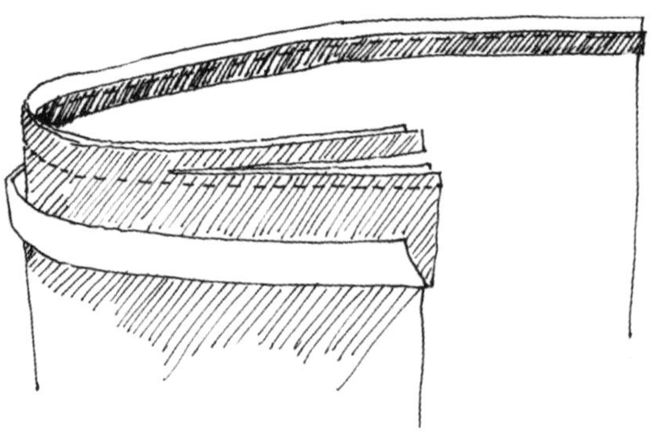

15. Beschneiden Sie entlang der neuen Naht die Nahtzugabe an den offenen Kanten des Einfassbandes und des Halsausschnittes.

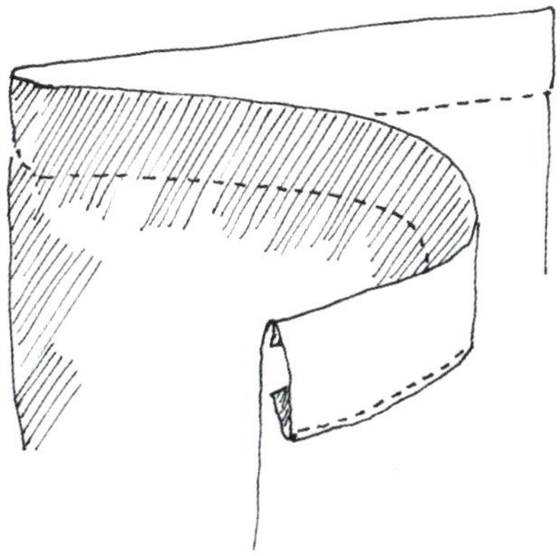

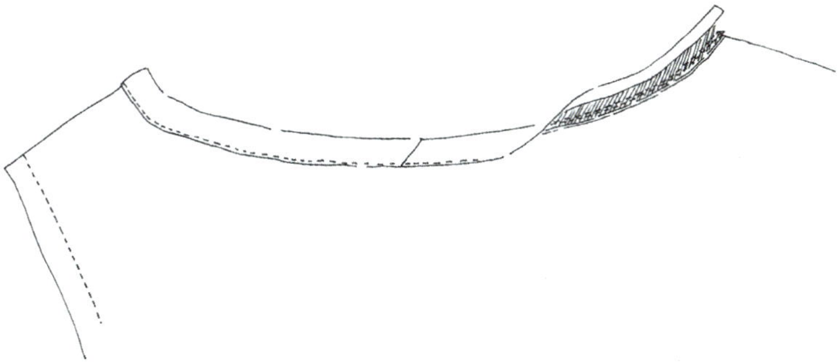

16. Schlagen Sie das Einfassband auf die rechte Seite um, sodass die Naht sich genau auf der Kante des Halsausschnittes befindet.

17. Stecken und steppen Sie die Einfassung an die Vorderseite des Kleides.

Abnäher

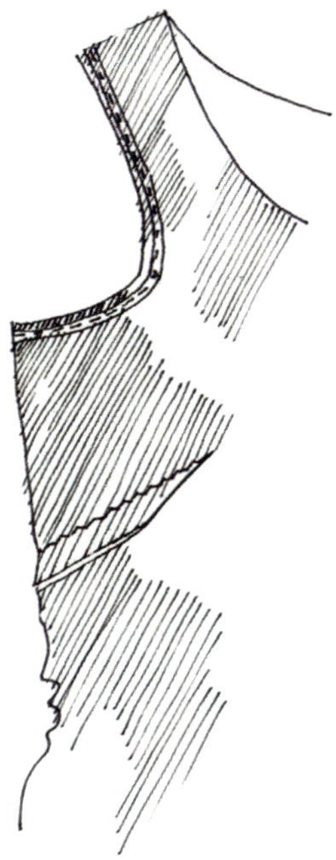

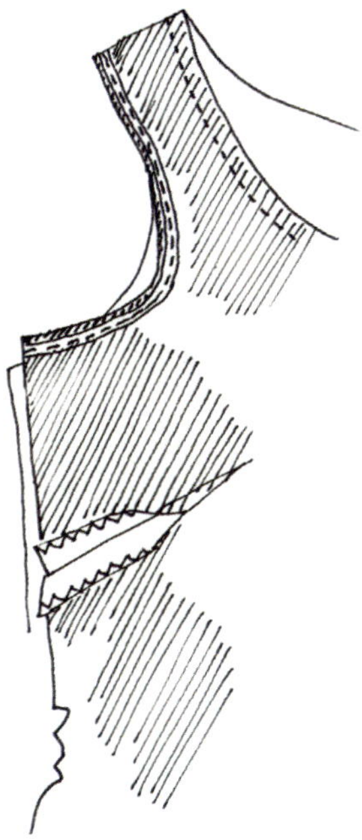

18. Stecken Sie die Brustabnäher rechts auf rechts ab und steppen Sie die Nähte mit einem schmalen Zickzackstich (1 breit, 2,5 lang).

19. Versäubern Sie die Kanten der Abnähernähte mit einem Zickzack- oder Overlockstich. Bügeln Sie die Abnäher auseinander.

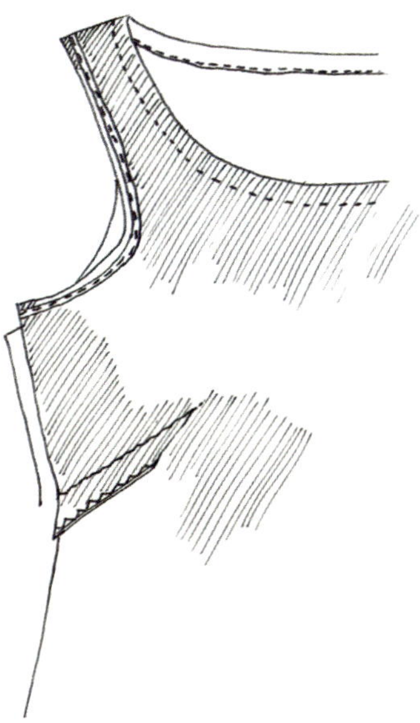

20. Bügeln Sie die Abnäher nach unten, weg vom Halsausschnitt.

21. Heften und steppen Sie nun rechts auf rechts das obere Rückenteil an die Rückseite des Rocks. Alle Knipse müssen genau aufeinanderliegen. Bügeln Sie die Naht zuerst auseinander und dann nach unten Richtung Rock. Versäubern Sie die offenen Kanten mit Zickzack- oder Overlockstich.

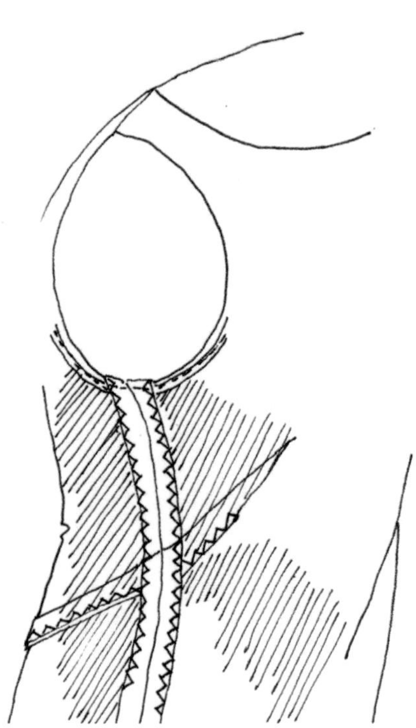

22. Stecken Sie das Vorder- und das Rückenteil des Kleides rechts auf rechts an den Seitennähten zusammen. Die Brustabnäher und die Taillennaht sollten eine lange Nahtlinie ergeben.

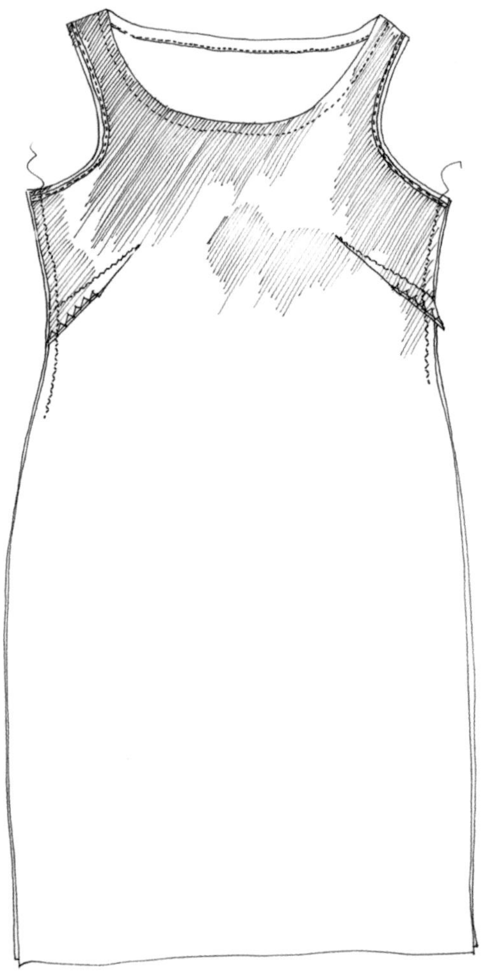

23. Steppen Sie nun mit einem schmalen Zickzackstich die Seitennähte (1 breit, 2,5 lang). Bügeln Sie die Nähte auseinander und versäubern Sie die Nahtkanten mit Zickzack- oder Overlockstich.

Ärmel einsetzen

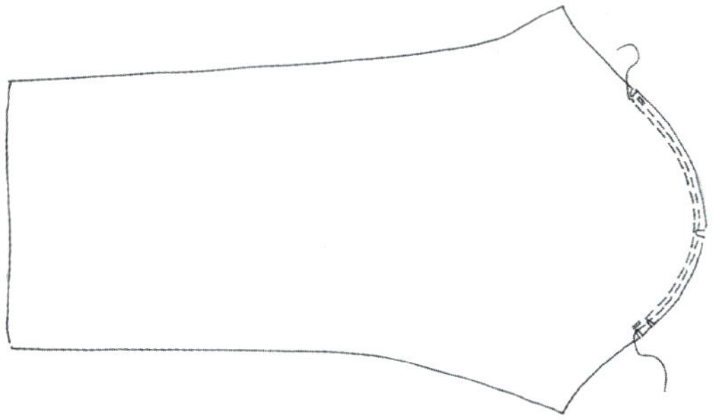

24. An der Nähmaschine den größtmöglichen Stich einstellen und innerhalb der Nahtzugabe eine gebogene Linie zwischen dem vorderen und dem hinteren Knips steppen. Ein Ende der Naht verriegeln. Eine zweite Naht parallel zur ersten steppen, ebenfalls innerhalb der Nahtzugabe. Nun das gegenüberliegende Ende verriegeln. Diese Nähte verbessern den Sitz der Schulterpartie, bevor Sie die Ärmel an das Kleid nähen.

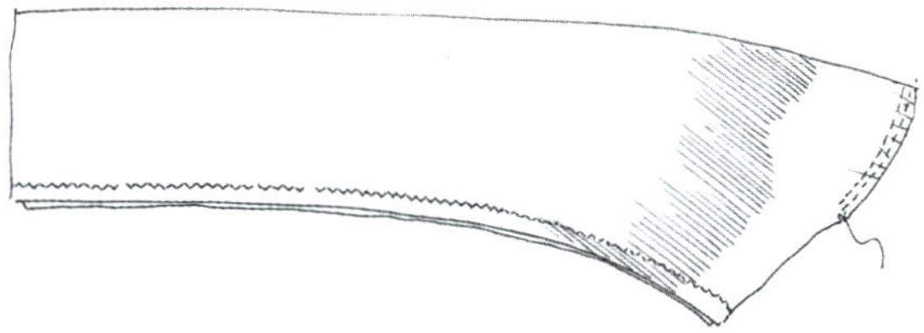

25. Stecken und nähen Sie die Ärmelnaht aufeinander. Verwenden Sie beim Steppen der Naht einen schmalen Zickzackstich wie zuvor. Bügeln Sie die Naht auseinander und versäubern Sie die Kanten mit Zickzack- oder Overlockstich.

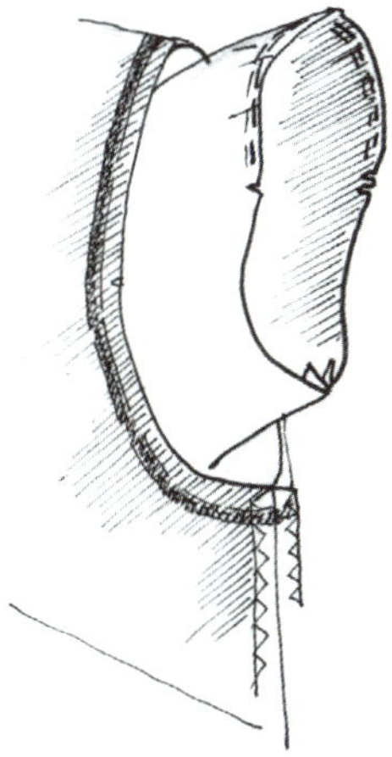

26. Wenden Sie den Ärmel auf rechts und das Kleid auf links. Setzen Sie den Ärmel so in den Armausschnitt ein, dass die rechten Stoffseiten des Kleides und des Ärmels aufeinanderliegen.

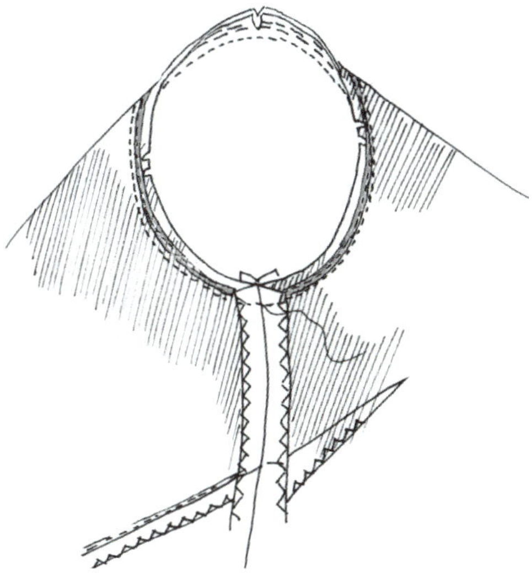

27. Richten Sie den Ärmel so aus, dass die Knipse sowie die Seitennaht und die Ärmelnaht aufeinanderliegen, und achten Sie dabei darauf, dass die Nähte offen und flach sind. Ziehen Sie an den losen Enden der Fäden, bis der Ärmel genau in das Armloch passt. Stecken Sie den Ärmel fest. Steppen Sie die Teile mit Geradstich aneinander.

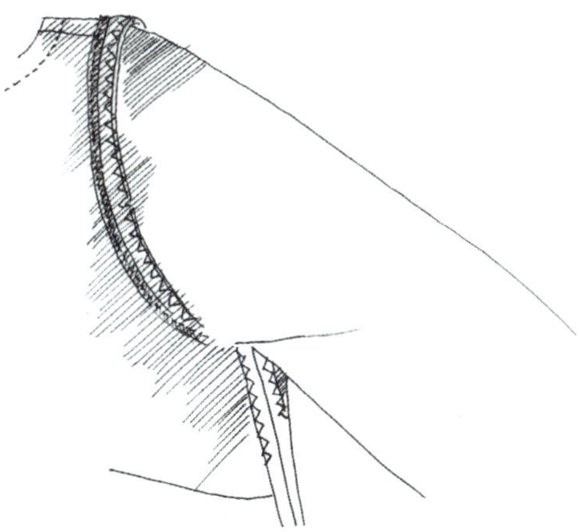

28. Bügeln Sie die Naht leicht Richtung Ärmel. Nähen Sie die offenen Nahtkanten mit einem Zickzack- oder Overlockstich zusammen.

Säume

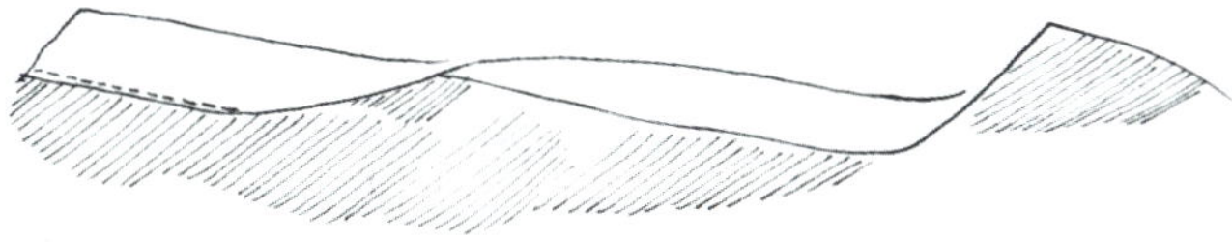

29. Um den Kleidersaum und die Ärmelsäume fertigzustellen, schlagen Sie die Säume zweimal um 1 cm nach innen ein. Stecken Sie sie fest und steppen Sie sie knappkantig ab.

CURLEW-ÄRMELLOSES T-SHIRT

Nähanleitung

Halsausschnitt, Armlöcher und rückwärtige Schulterpartie mit Nahtband verstärken

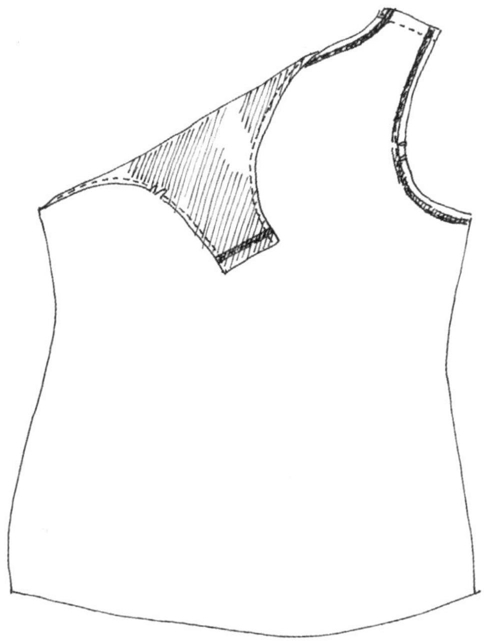

1. Nähen Sie das Nahtband rechts auf rechts auf den Halsausschnitt des Vorder- und des Rückenteils, wie in der Nähanleitung für das Kleid beschrieben. Verstärken Sie in gleicher Weise die Armausschnitte von rechts mit Nahtband. Die Nahtzugabe für Halsausschnitt und Armlöcher beträgt 1 cm.

2. Verstärken Sie die Nahtzugaben der rückwärtigen Schulternähte jeweils auf der linken Stoffseite des Vorder- und des Rückenteils mit Nahtband, wie in der Nähanleitung für das Kleid erläutert.

Abnäher

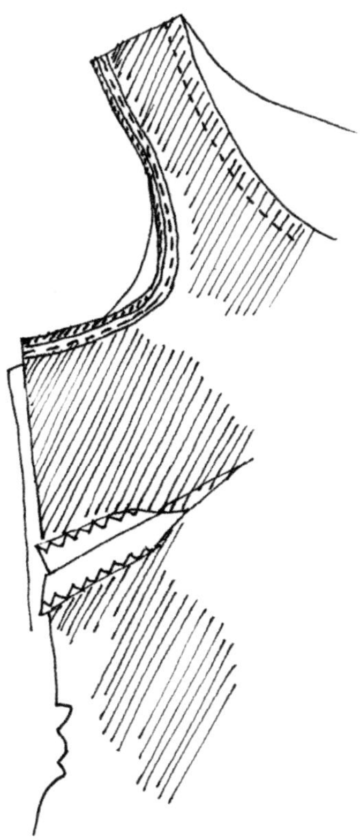

3. Nähen Sie die Abnäher, wie in der Nähanweisung für das Kleid beschrieben.

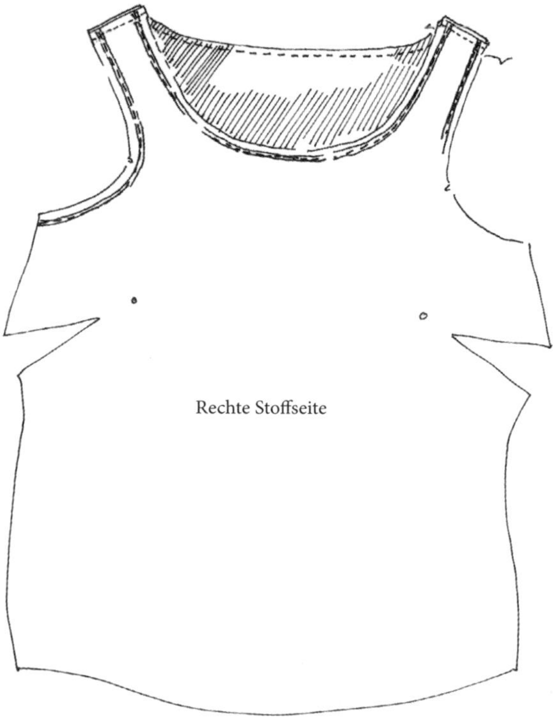

4. Folgen Sie den Anweisungen für das Kleid, um die Schulterpartie zu nähen. Die Nahtzugabe beträgt insgesamt nur 1,5 cm. Legen Sie Vorder- und Rückenteil links auf links aufeinander und steppen Sie die Schulternähte. Lassen Sie dabei eine Nahtzugabe von 5 mm. Bügeln Sie die Naht zuerst auseinander. Bügeln Sie dann die Nahtkanten zusammen.

5. Wenden Sie das Top auf links, sodass die rechten Stoffseiten aufeinanderliegen. Steppen Sie noch einmal entlang der Schulternähte und lassen Sie eine Nahtzugabe von 1 cm, sodass die offenen Kanten der ersten Nähte vollständig eingefasst werden.

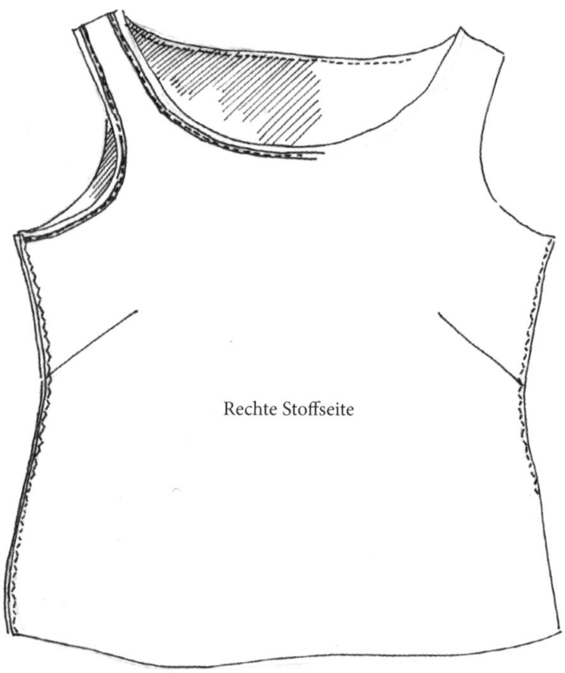

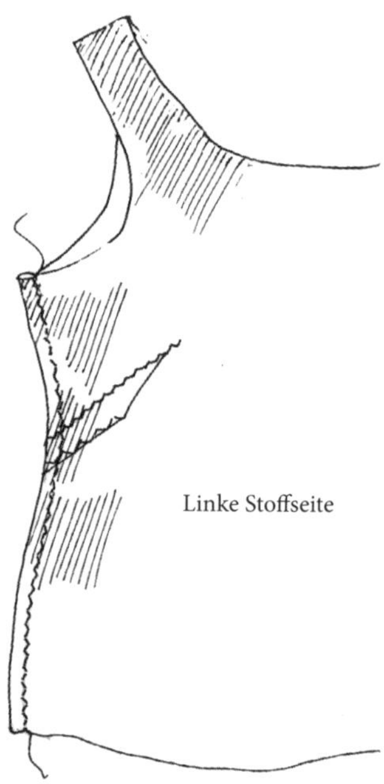

6. Wenden Sie dieselbe Technik für die Französischen Nähte auch bei den Seitennähten an. Verwenden Sie dieses Mal einen schmalen Zickzackstich (1 breit, 2,5 lang).

Hals- und Armlocheinfassung

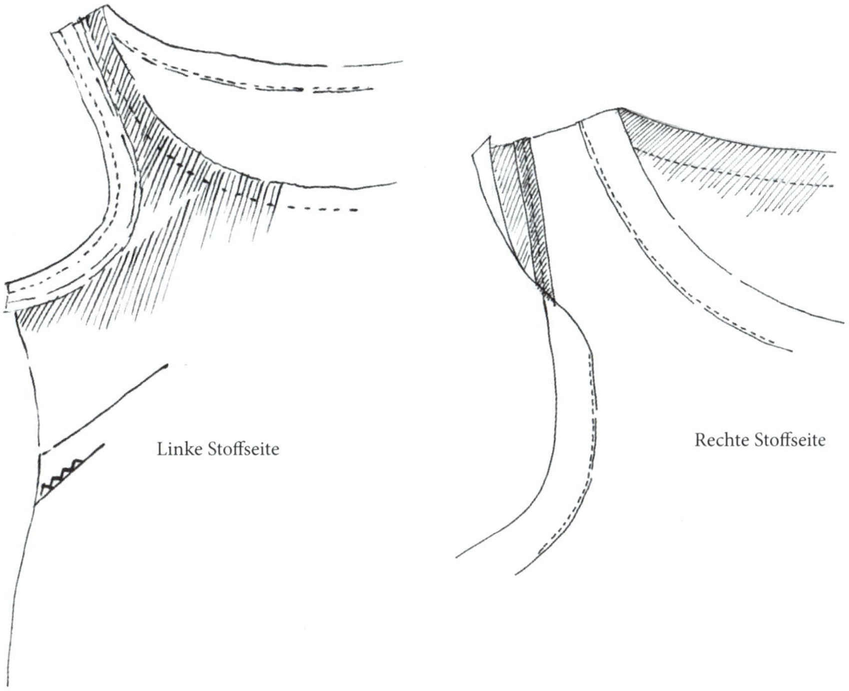

7. Folgen Sie der Anleitung für das Kleid und fassen Sie den Halsausschnitt mit Schrägband ein. Die Nahtzugabe für den Halsausschnitt und die Armlöcher beträgt 1 cm. Verwenden Sie dieselbe Technik für die Armausschnitte.

Saum

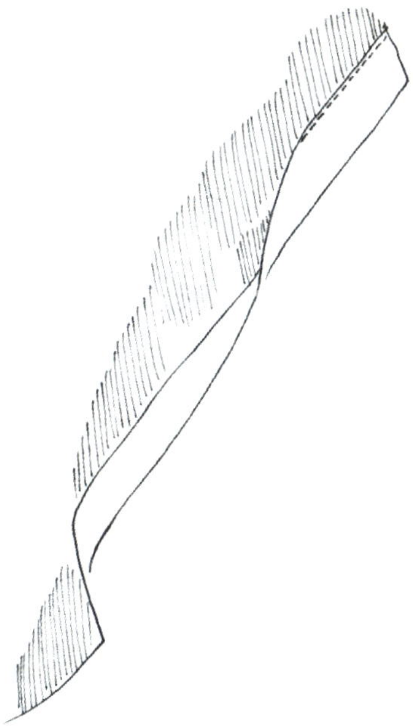

8. Um den Saum fertigzustellen, schlagen Sie ihn zweimal je 1 cm nach innen um. Stecken Sie ihn fest, nähen Sie ihn an und bügeln Sie ihn.

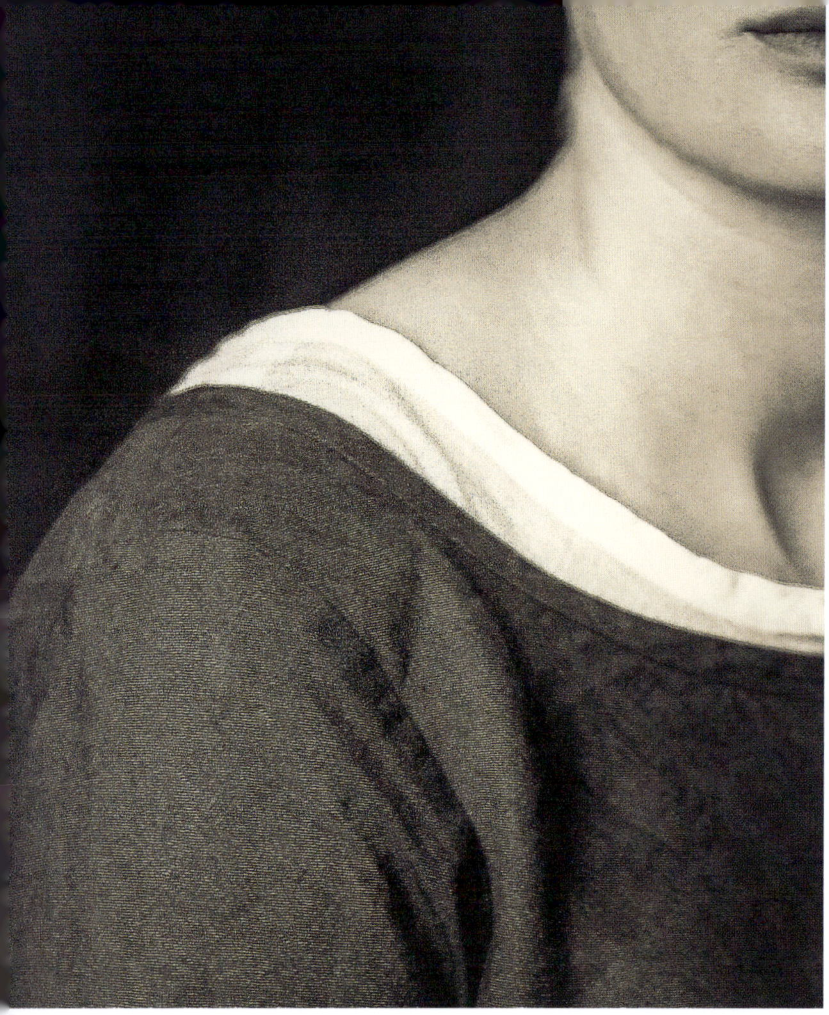

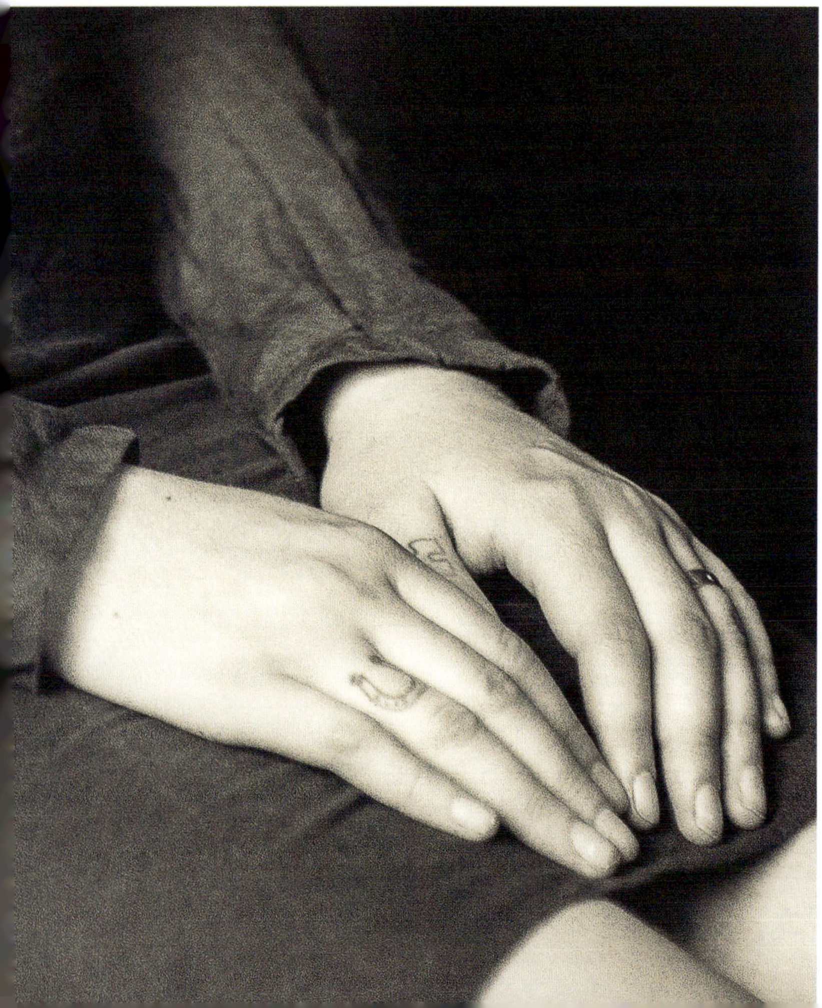

CURLEW-LANGARMSHIRT

Nähanleitung

Nähte mit Nahtband verstärken

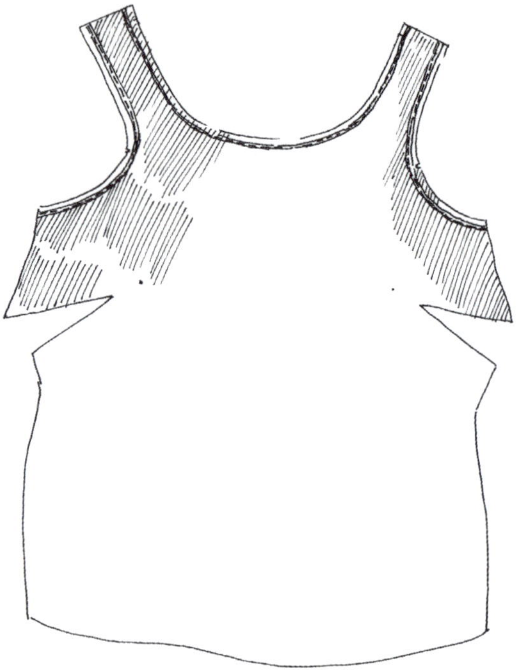

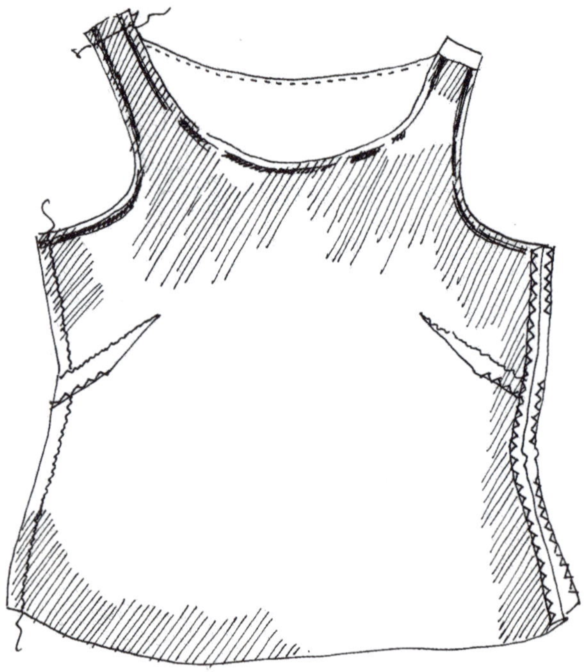

1. Weil das Rumpfteil gefüttert ist, brauchen Sie Vorder- und Rückenteil jeweils zweimal. Kürzen Sie ein Vorderteil und ein Rückenteil um je 1 cm: Diese beiden Teile bilden nun das Innenfutter. Folgen Sie der Anleitung für das Kleid und verstärken Sie den Halsausschnitt, die Armausschnitte und die rückwärtigen Schulternähte mit Nahtband. In diesem Fall müssen Sie das Nahtband von links auf den Innenfutter-Teilen anbringen.

2. Steppen Sie die Schulternähte für die Außenhülle. Rücken- und Vorderteil liegen dabei rechts auf rechts, und die Nahtzugabe beträgt 1,5 cm. Bügeln Sie die Nähte auseinander. Arbeiten Sie die Abnäher ein und steppen Sie die Seitennähte, wie in der Anleitung für das Kleid beschrieben. Wiederholen Sie den Vorgang für das Innenfutter.

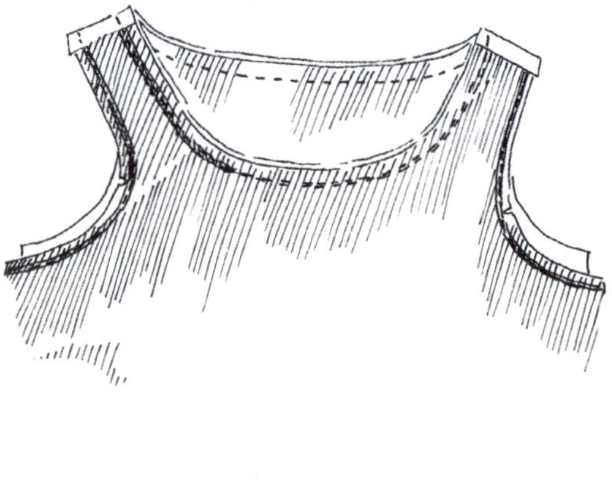

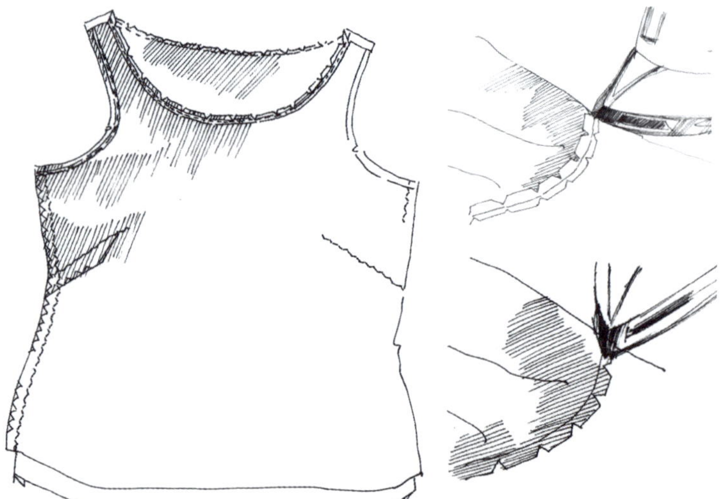

3. Die Außenhülle auf rechts drehen, das Innenfutter auf links und das Innenfutter über den Außenstoff ziehen. Die Nähte des Halsausschnittes genau aufeinander platzieren und feststecken. Achten Sie darauf, dass die Schulternähte offen und flach sind. Rund um den Halsausschnitt steppen.

4. Knipsen Sie die Nahtzugabe rund um den Halsausschnitt mehrmals ein, bügeln Sie die Naht auseinander und bügeln Sie dann die Nahtkanten zusammen.

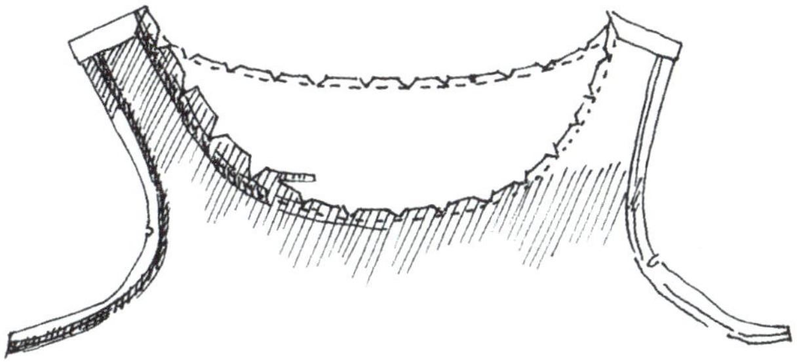

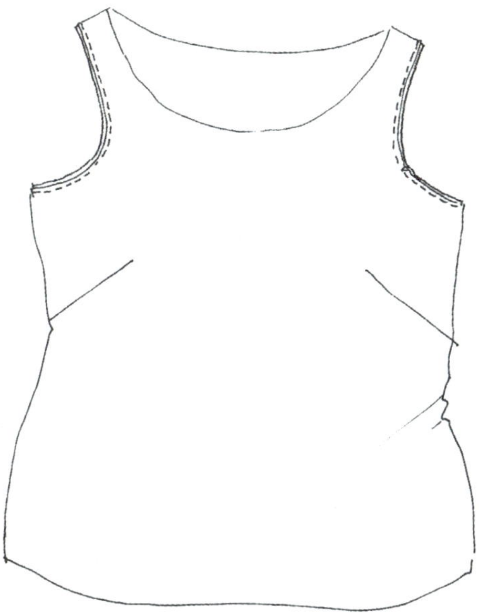

5. Beschneiden Sie die Nahtzugabe des Innenfutters.

6. Drehen Sie das Oberteil auf rechts. Platzieren Sie die Schulternähte und die Seitennähte genau aufeinander und nähen Sie die Armausschnitte des Futters und der Außenhülle aneinander. Die Naht verläuft innerhalb der Nahtzugabe.

7. Nähen Sie die Ärmel und setzen Sie sie ein, wie in der Anleitung für das Kleid erläutert.

Saum

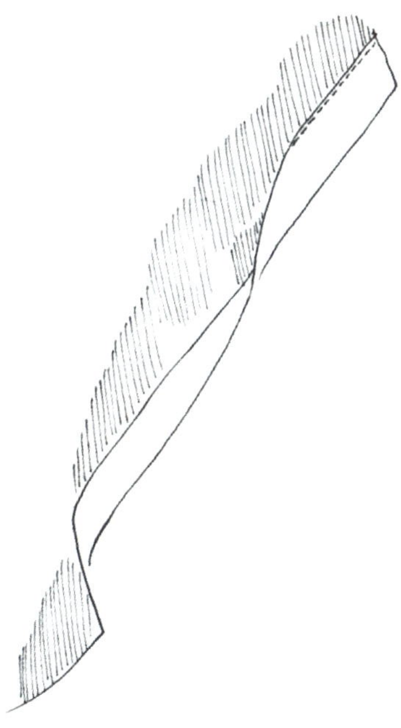

8. Schlagen Sie die Säume des Außenstoffes und des Innenfutters getrennt voneinander um und stellen Sie sie fertig, wie in der Anleitung für das Kleid beschrieben. Vollenden Sie die Ärmelsäume, indem Sie der Nähanweisung für das Kleid folgen.

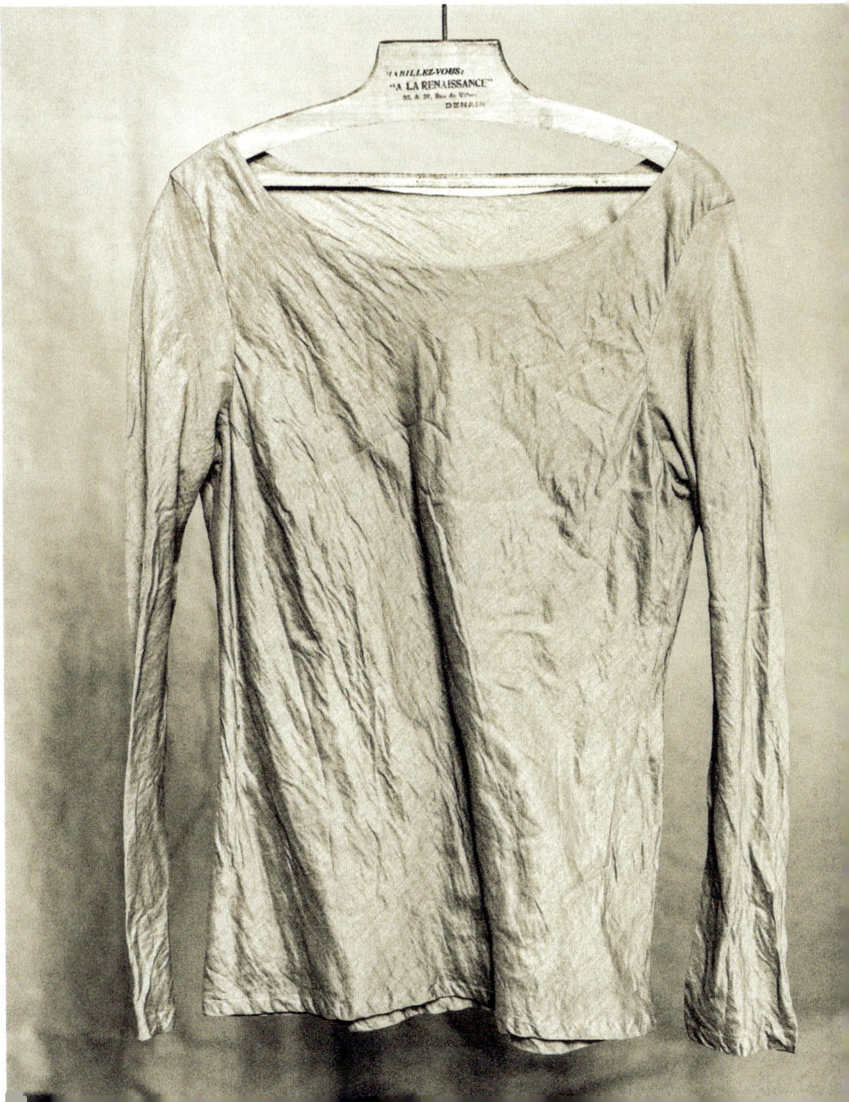

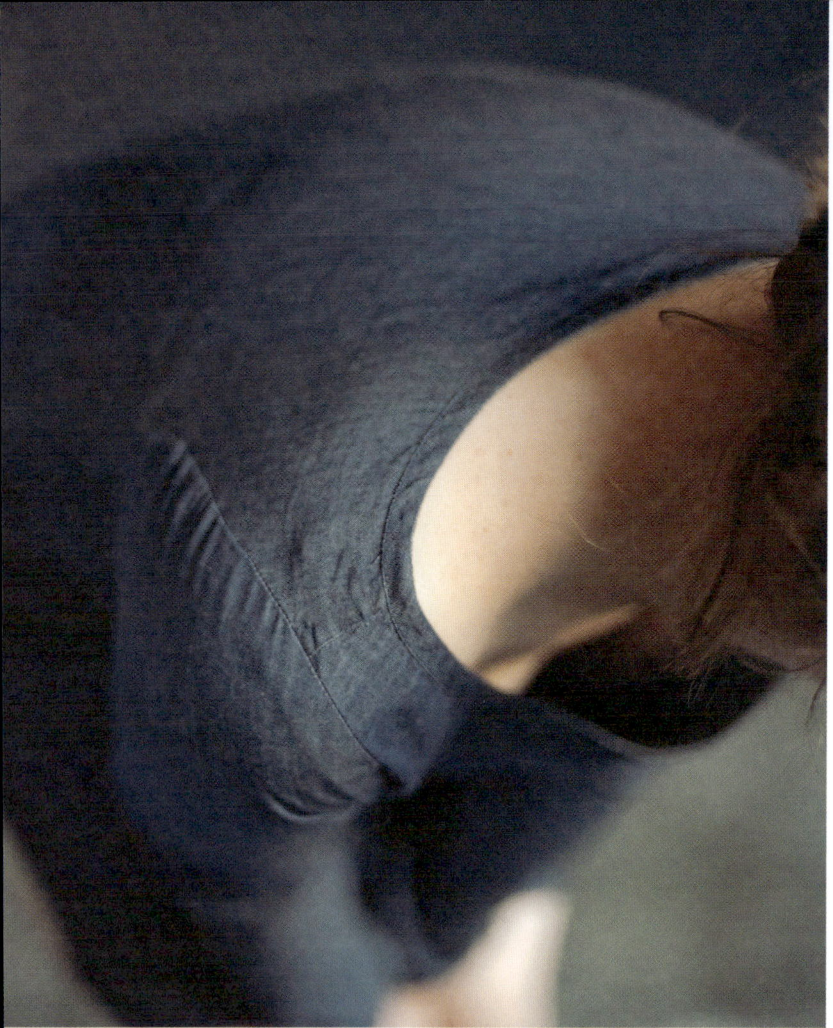

MODELL SALTMARSH

Nach diesem Modellschnitt nähen Sie einen einfachen langen Rock, der gerade fällt und an der Taille locker von einem Banddurchzug gehalten wird.

Mit dem Saltmarsh-Rock können Sie barfuß durch Schlüsselblumen laufen oder sorglos über eine Piazza schlendern. Lang und lässig, wie er ist, können Sie leicht vergessen, dass Sie ihn überhaupt tragen. Tiefe Seitentaschen, die an den Seitennähten ansetzen und sich leicht zur Mitte hin runden, machen den Rock sowohl praktisch als auch extrem bequem. Wir haben ihn in der maximalen Länge hergestellt, Sie können ihn aber auf die Länge Ihrer Wahl kürzen.

Dieser außerordentlich vielseitige Rock wird sicher ein Lieblingsstück in Ihrer Garderobe werden. Wenn Sie ihn mit dem Bantam-Top oder der Heron-Wickelbluse kombinieren, können Sie darin Gedichte schreiben oder Bäume zeichnen. Tragen Sie darüber die Haremere-Jacke, sind Sie auch bei kühleren Temperaturen bestens für einen Spaziergang gerüstet.
Wir haben den Rock aus gewaschenem Leinen und aus leichtem schwarzen Denim hergestellt. Es ist wichtig, einen Stoff zu wählen, der gut fällt, um den weichen und fließenden Charakter dieses Kleidungsstücks zu erhalten.

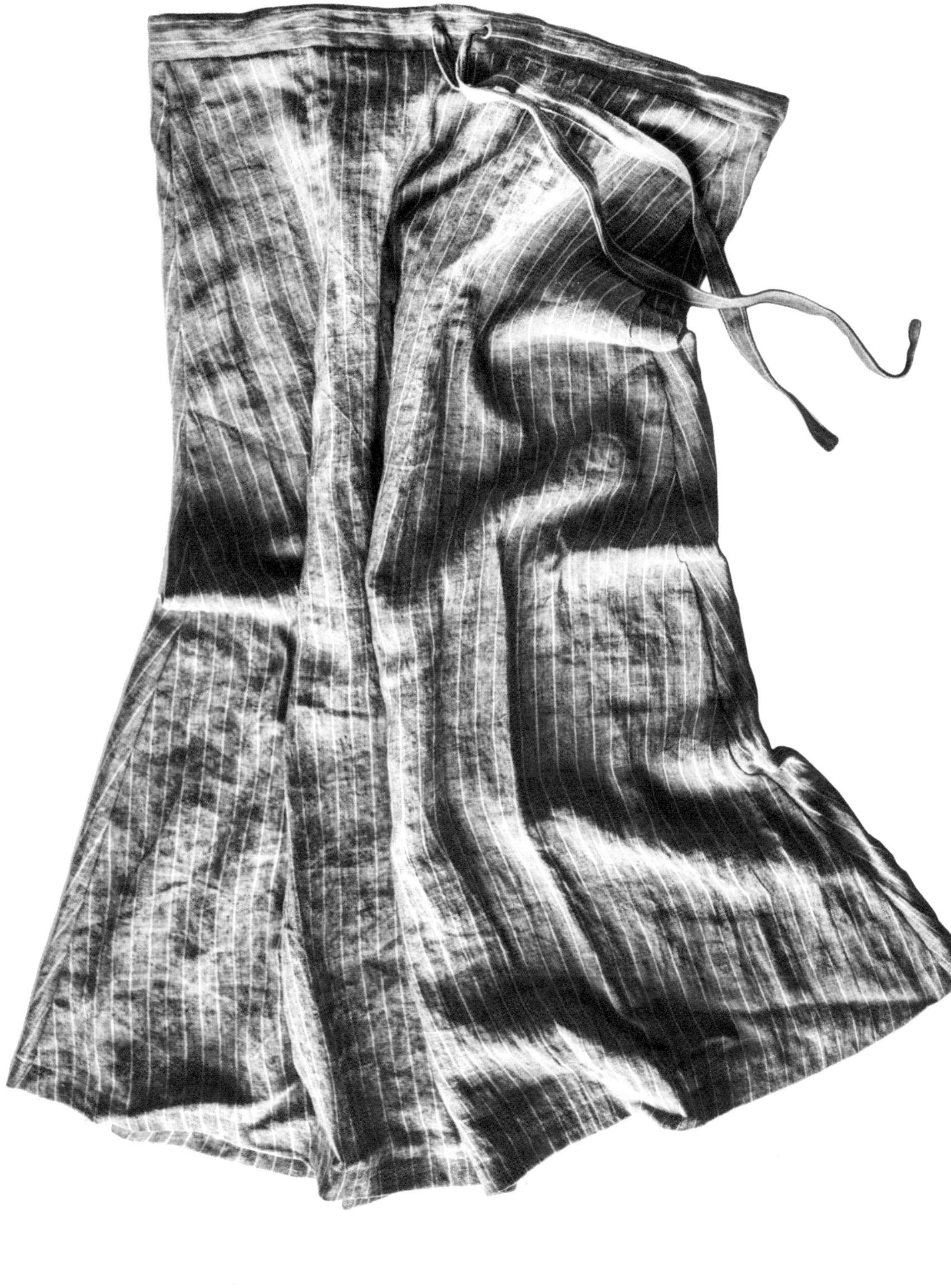

SALTMARSH-ROCK

Schnittmuster

Zu diesem Rock gehören acht Schnittteile:
Vorderteil | Rückteil | 4 x Tasche | Taillenbund | Band
Die Schnittteile müssen von den Bögen B & C übertragen werden.

Sämtliche Naht- und Saumzugaben sind in den Schnittmustern enthalten

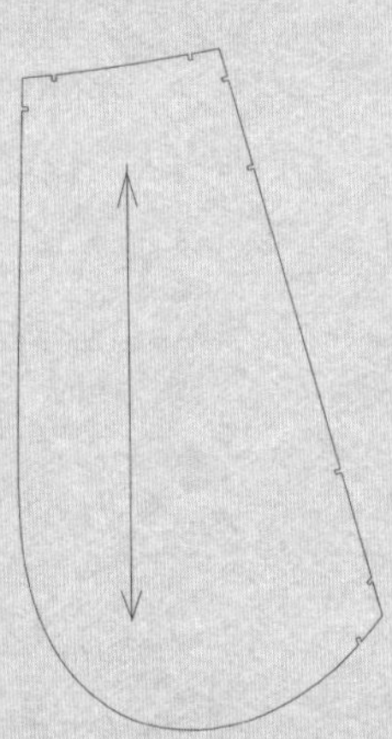

SALTMARSH-ROCK
Taschenbeutel
4 x ausschneiden
(2 Paare)

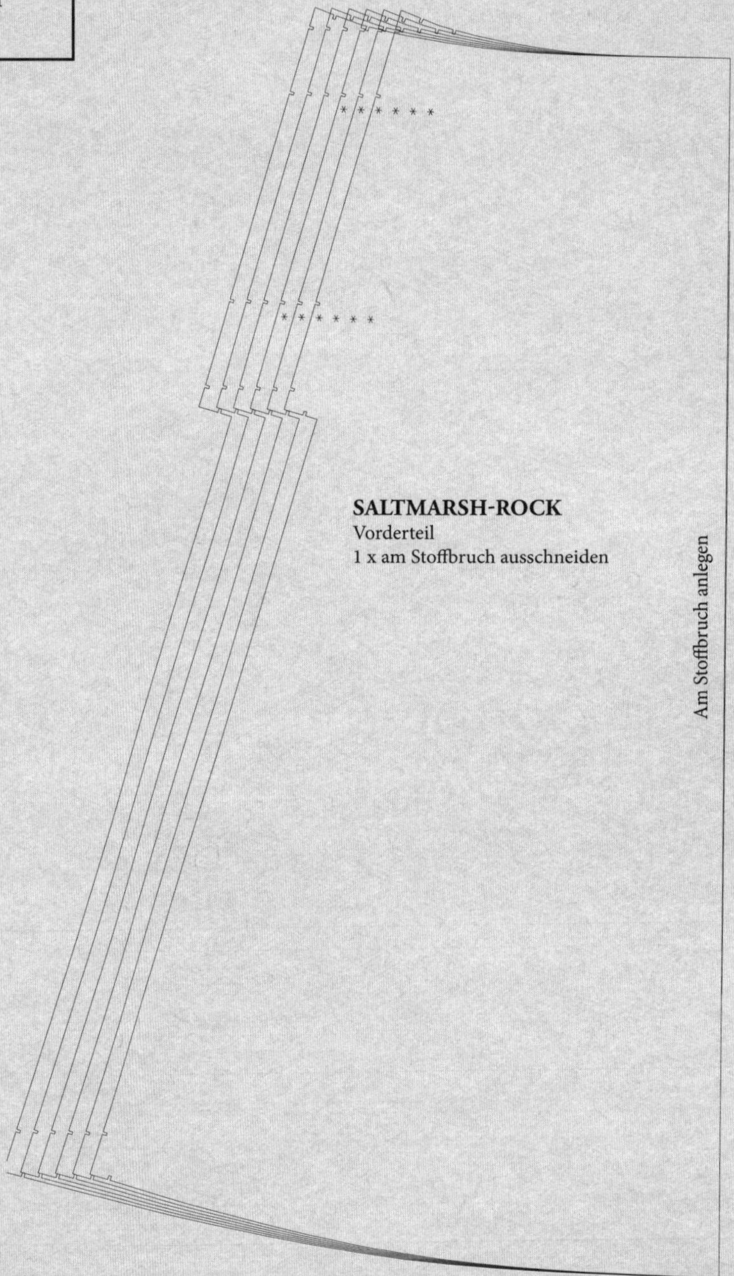

SALTMARSH-ROCK
Taillenbund
1 x am Stoffbruch ausschneiden

Am Stoffbruch anlegen

SALTMARSH-ROCK
Rückenteil
1 x am Stoffbruch
ausschneiden

SALTMARSH-ROCK
Band für den Tunnelzug
1 x ausschneiden

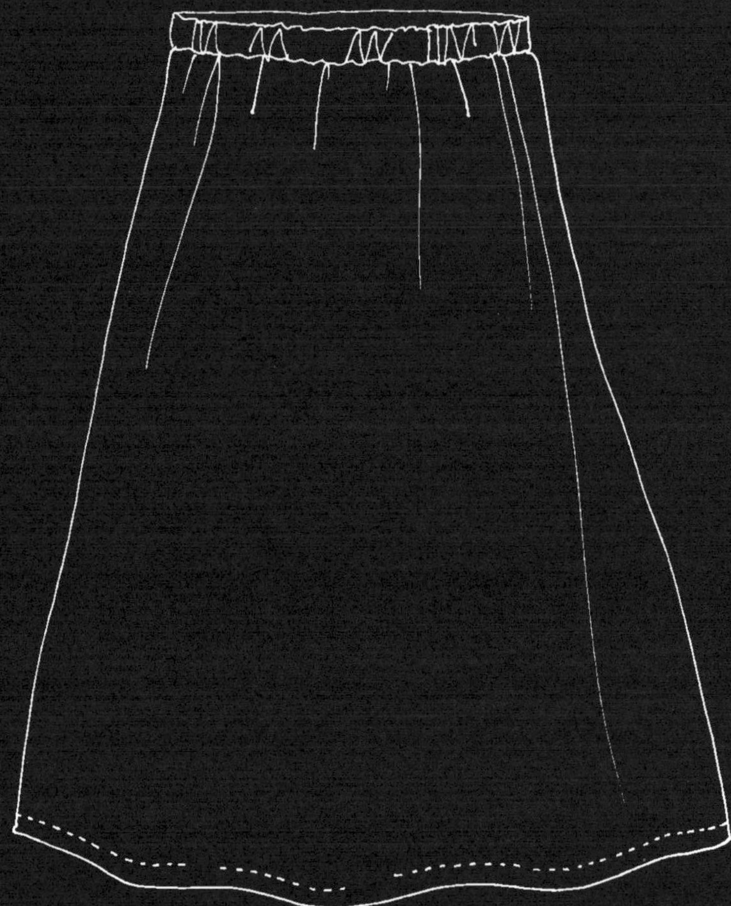

Stoffmengen

Saltmarsh-Rock

Größe	140 cm breit	120 cm breit
8	1,95 m	2m
10	1,95 m	2,10 m
12	2 m	2,10 m
14	2 m	2,25 m
16	2 m	2,25 m
18	2 m	2,25 m

Kurzwaren:
zwei Ösen für den Tunnelzug, 7 mm Durchmesser (optional); ein kleines Stück Bügeleinlage; passendes Nähgarn

Maße (cm)

Saltmarsh-Rock	8	10	12	14	16	18
Hintere Länge	88,5	89	89,5	90	90,5	91
Taillenumfang, nicht gerafft	91,5	96,5	101,5	106,5	111,5	116,5

Rock: Zuschneideplan für beide Stoffbreiten

Falten Sie den Stoff rechts auf rechts, sodass die Webkanten parallel zueinander sind, und ordnen Sie die Schnittteile an, wie hier abgebildet. Schneiden Sie alle Teile zu und übertragen Sie sämtliche Markierungen für die Knopflöcher, die Taschenöffnungen, die Bügeleinlage und die Rückenabnäher.

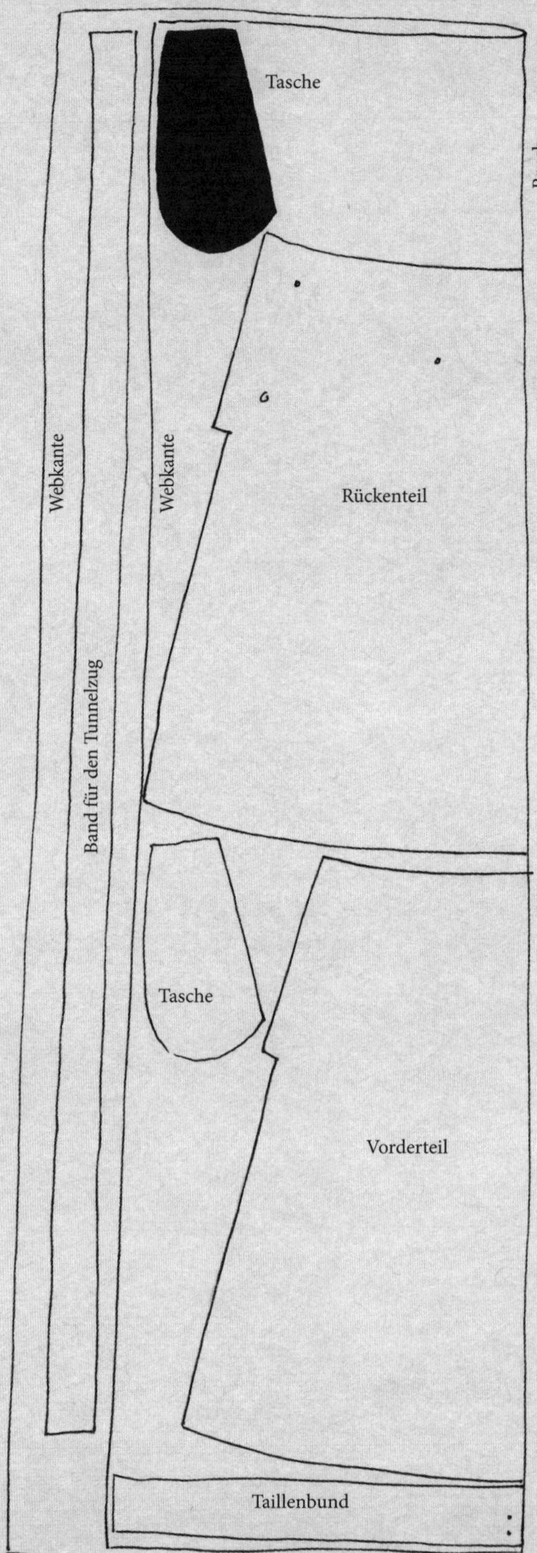

SALTMARSH-ROCK

Nähanleitung

Taillenbund vorbereiten

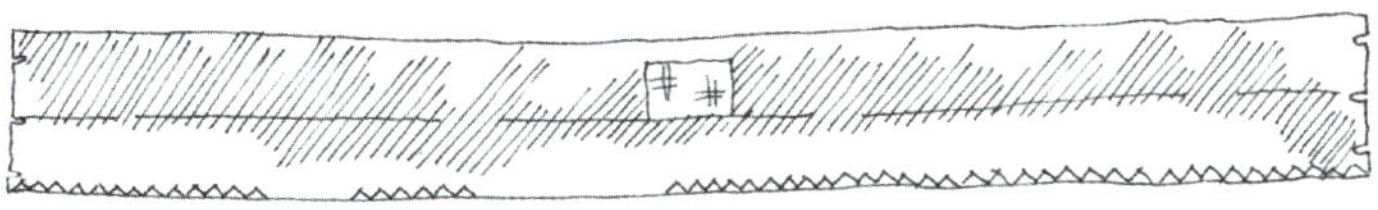

1. Verstärken Sie den Bund an der eingezeichneten Stelle mit einer Bügelanlage. (Sie sorgt für Stabilität im Bereich der Öffnungen für den Tunnelzug.) Nähen Sie Löcher für den Tunnelzug oder setzen Sie Ösen ein. Versäubern Sie die obere Kante des Bundes mit einem Zickzack- oder Overlockstich.

2. Falten Sie den Bund der Länge nach und bügeln Sie ihn, falten Sie ihn dann wieder auseinander.

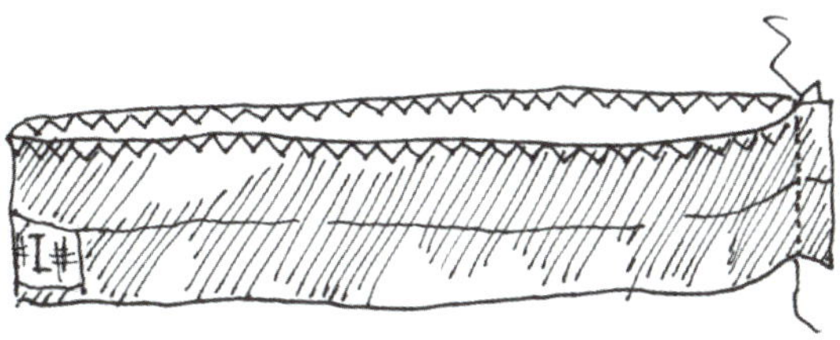

3. Falten Sie den Bund rechts auf rechts, sodass die Enden aufeinanderliegen, und stecken Sie sie fest. Steppen Sie die Naht in der rückwärtigen Mitte des Bundes. Bügeln Sie die Naht auseinander.

Abnäher

4. Nehmen Sie die Rückseite zur Hand. Stecken Sie rechts auf rechts die Abnäher ab, sodass die Querzeichen genau aufeinanderliegen. Nähen Sie die Abnäher und bügeln Sie sie zur Mitte der Rückseite hin.

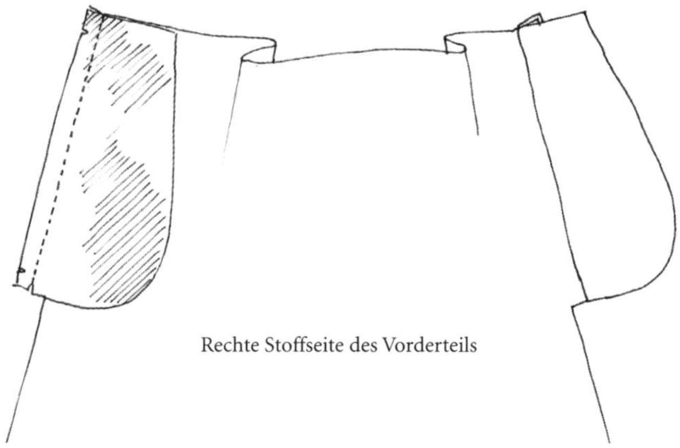

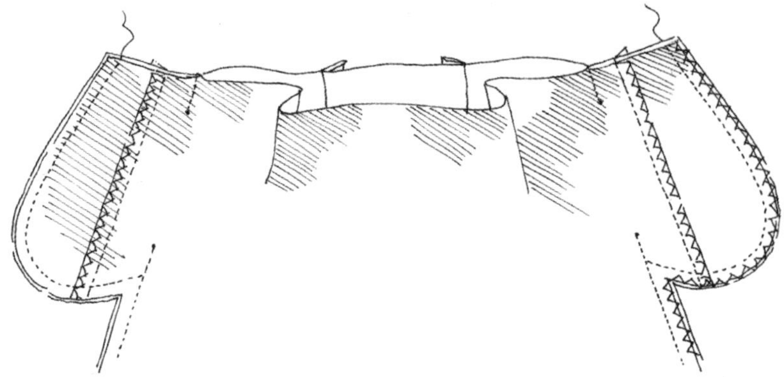

5. Stecken Sie die Taschen rechts auf rechts an der Vorder- und Rückseite des Rockes fest. Vorder- und Rückseite sind an den Taschenansätzen breiter. Nähen Sie die Taschen an. (Die Abbildung zeigt, wie die Taschen an die Vorderseite genäht werden.) Versäubern Sie die Nähte, indem Sie die Nahtkanten mit einem Zickzack- oder Overlockstich zusammennähen. Bügeln Sie die Nähte zu den Taschen hin, weg vom Rock.

6. Stecken Sie Vorder- und Rückseite des Rocks rechts auf rechts aufeinander und steppen Sie die Nähte. Lassen Sie an den im Schnittmuster angegebenen Stellen Öffnungen für die Tascheneingriffe. Bügeln Sie die Nähte auseinander und dann die Nahtkanten wieder zusammen. Versäubern Sie die Nähte, indem Sie die Nahtkanten mit einem Zickzack- oder Overlockstich zusammennähen, und steppen Sie dabei auch rund um die Taschenbeutel (siehe Abbildung).

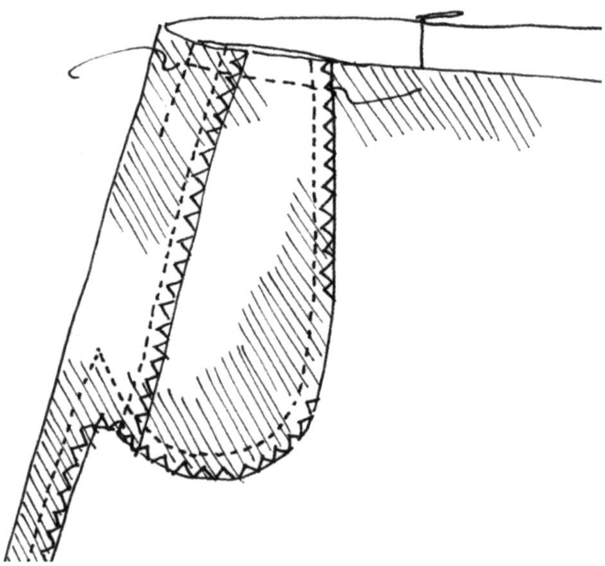

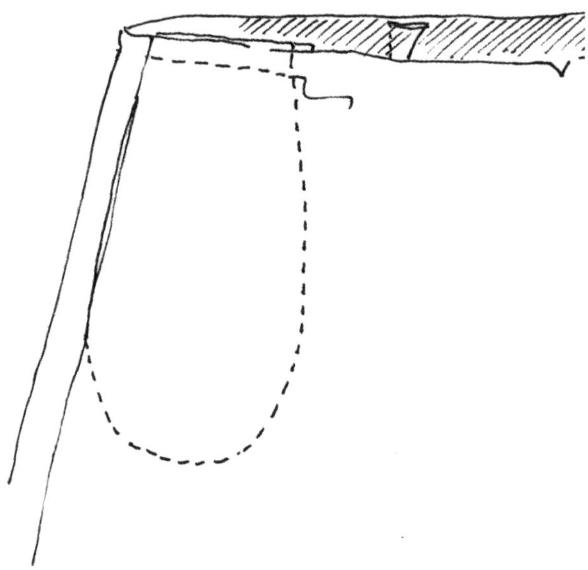

7. Bügeln Sie die Seitennähte und die Taschenbeutel nach vorn. Nähen Sie die Oberkante der Taschenbeutel innerhalb der Nahtzugabe am Bund fest.

8. Wenn gewünscht, können Sie die Taschenbeutel rundherum durchsteppen, bevor Sie fortfahren.

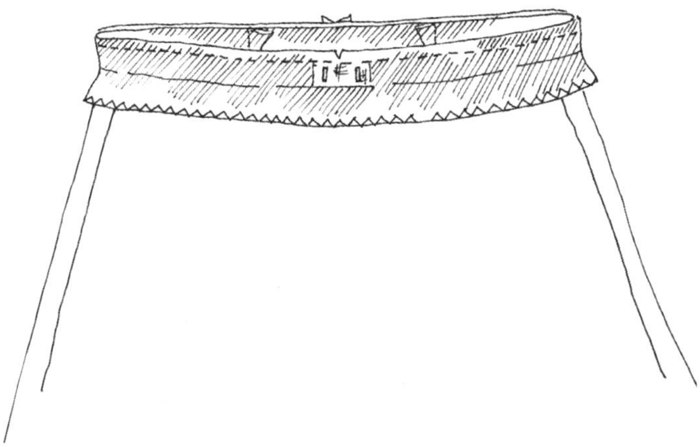

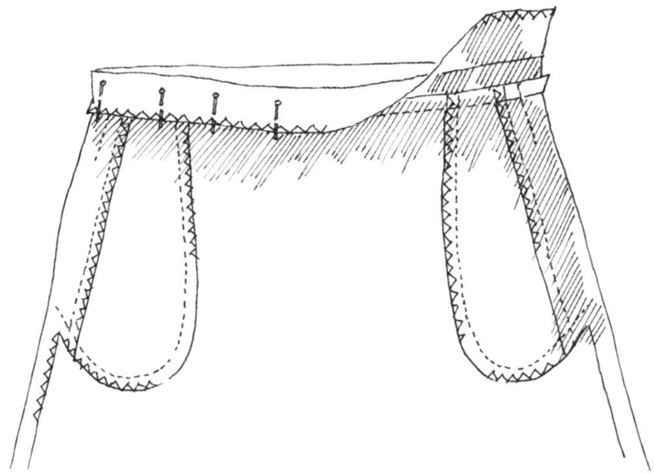

9. Heften Sie den Bund rechts auf rechts an den Rock wie abgebildet, und steppen Sie die Naht. Die Mitte des Bundes muss sich hinten und vorn genau auf der Mitte des Rockes befinden. Die Öffnungen für den Tunnelzug sollten so dicht wie möglich an der Bundnaht sein (siehe Abbildung). Bügeln Sie die Naht auseinander und anschließend aufwärts Richtung Bund.

10. Falten Sie den Bund der Länge nach an der Bügelkante und stecken Sie ihn mit Stecknadeln an der linken Stoffseite des Rocks fest.

11. Steppen Sie von rechts die Bundkante durch.

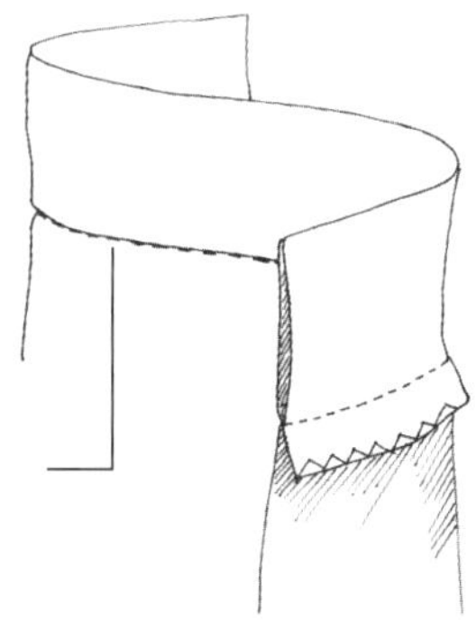

Steppen Sie möglichst direkt auf der Naht, sodass die Steppnaht fast unsichtbar ist (siehe Abbildung).

Band für den Tunnelzug

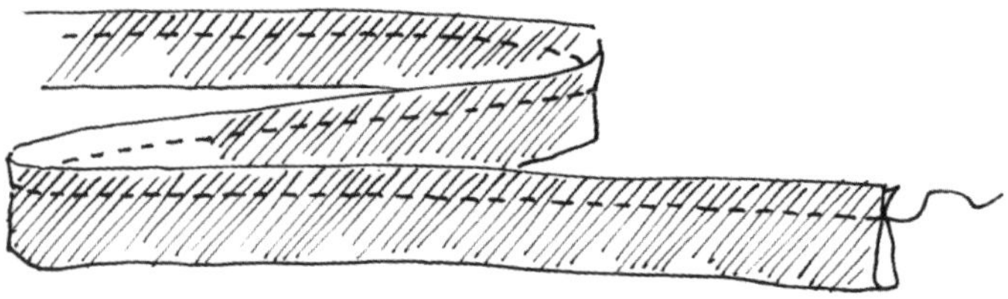

12. Falten Sie den Stoffstreifen für das Tunnelzugband der Länge nach und stecken Sie ihn zusammen. Steppen Sie die Längsnaht. Lassen Sie beide Enden offen.

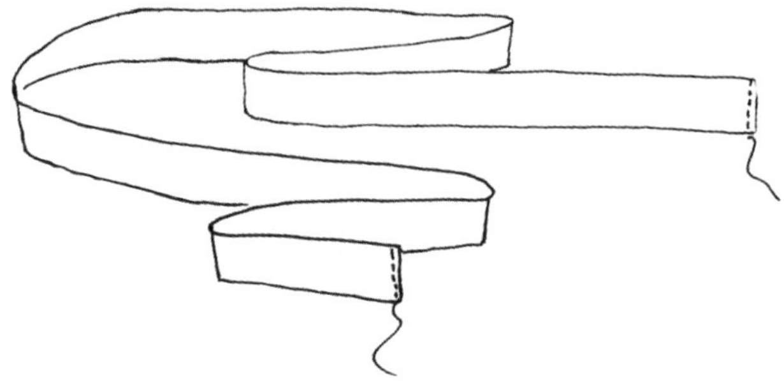

13. Wenden Sie mithilfe einer Durchzieh- oder Sicherheitsnadel den Stofftunnel auf rechts. Schlagen Sie die Enden ein und steppen Sie sie ab. Ziehen Sie das fertige Band für den Tunnelzug durch die Öffnungen im Bund.

Saum

14. Versäubern Sie die untere Kante des Rocks mit einem Overlock- oder Zickzackstich und bügeln Sie dann den Saum 3 cm nach oben. (Sie können den Saum auch breiter oder schmaler umschlagen, um dem Rock die gewünschte Länge zu geben.) Stecken Sie den Saum fest und nähen Sie ihn mit der Maschine oder per Hand mit Blindstich.

Modell Heron

Das Modell Heron ist eine weite, seitlich gebundene Wickelbluse mit Fledermausärmeln und Schalkragen.

Wenn je ein Kleidungsstück für lässiges Faulenzen entworfen wurde, so ist es dieses. Erholen Sie sich beim Flanieren an der Französischen Riviera, streifen Sie die Wickelbluse über, und tragen Sie dazu weite Hosen – sich als Filmstar zu fühlen, ist ganz einfach.

Die Silhouette ist elegant, die Armausschnitte sind weit und offen. So genießen Sie größtmögliche Bewegungsfreiheit, wenn Sie nach dem Kellner winken oder sich anderen, ähnlich wichtigen Aufgaben widmen. Der Stil versetzt Sie zurück in die mondänen Dreißigerjahre. Mit Reverskragen und Seitenschlitzen sowie den adretten, seitlich geknoteten Bändern wirkt die Wickelbluse luxuriös. Sie betont ihre Taille, während Sie schwerelos dahingleiten. In Kombination mit den Strides-Shorts oder dem Saltmarsh-Rock sorgt sie für einen fabelhaften Look.

Wir haben zwei Wickelblusen aus Leinen genäht, einmal klassisch cremefarben und einmal fein gestreift. Geeignet sind auch sandgewaschene Seide, Wollkrepp oder ein leichter Baumwollstoff. Wählen Sie einen fein gewebten Stoff, damit das Kleidungsstück nicht zu voluminös wird, und verwenden Sie eine leichte Bügeleinlage. Zu steifer Stoff könnte dazu führen, dass die Schultern eckig abstehen.

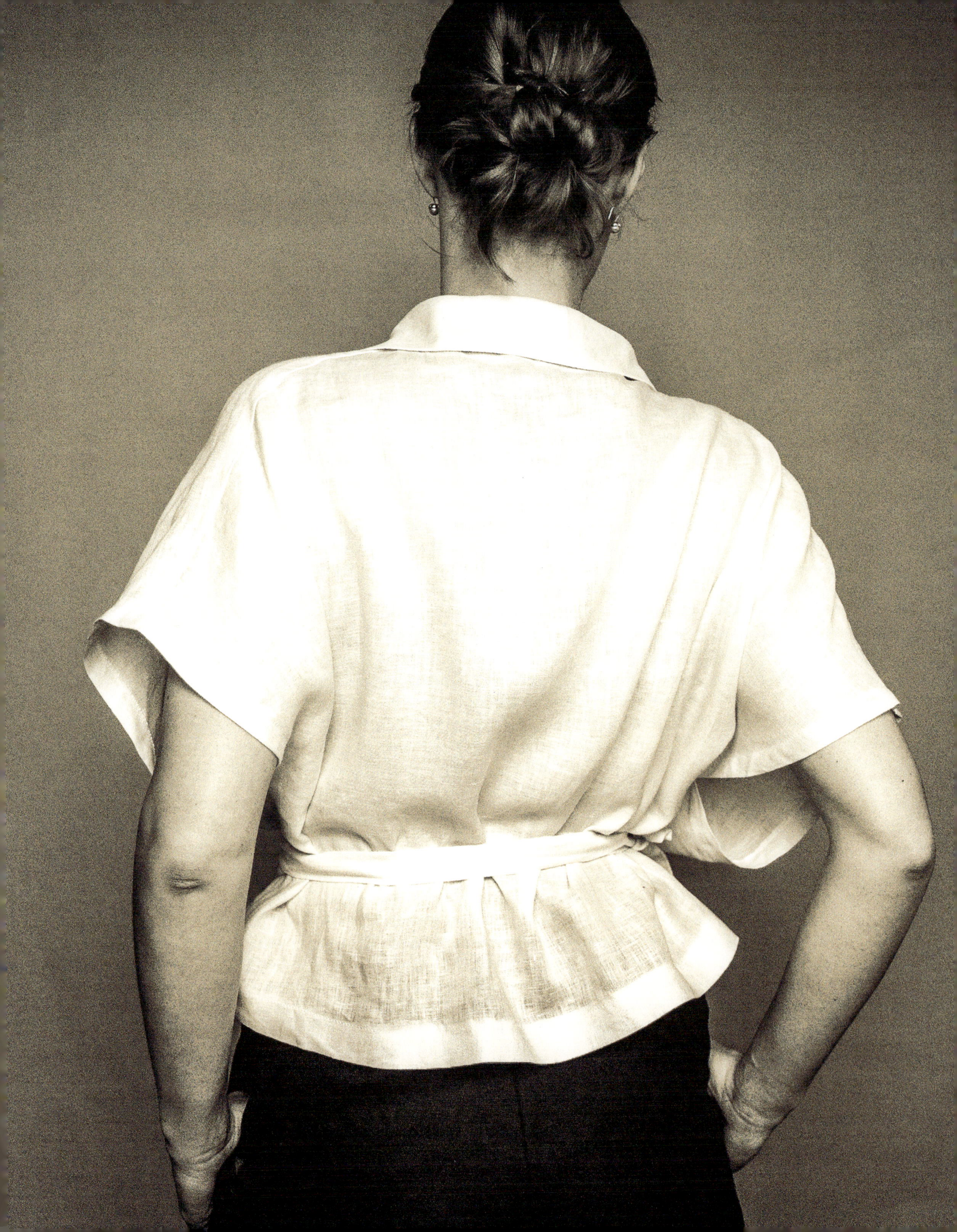

HERON-WICKELBLUSE

Schnittmuster

Die Bluse umfasst sieben Schnittteile:
Vorderteil | Rückenteil | Besatz für die Vorderseite | 2 x Band | Besatz für den vorderen Saum | Bügeleinlage für den hinteren Saum
Die Schnittteile müssen von den Musterbögen D & E übertragen werden.

Sämtliche Naht- und Saumzugaben sind in den Schnittmustern enthalten

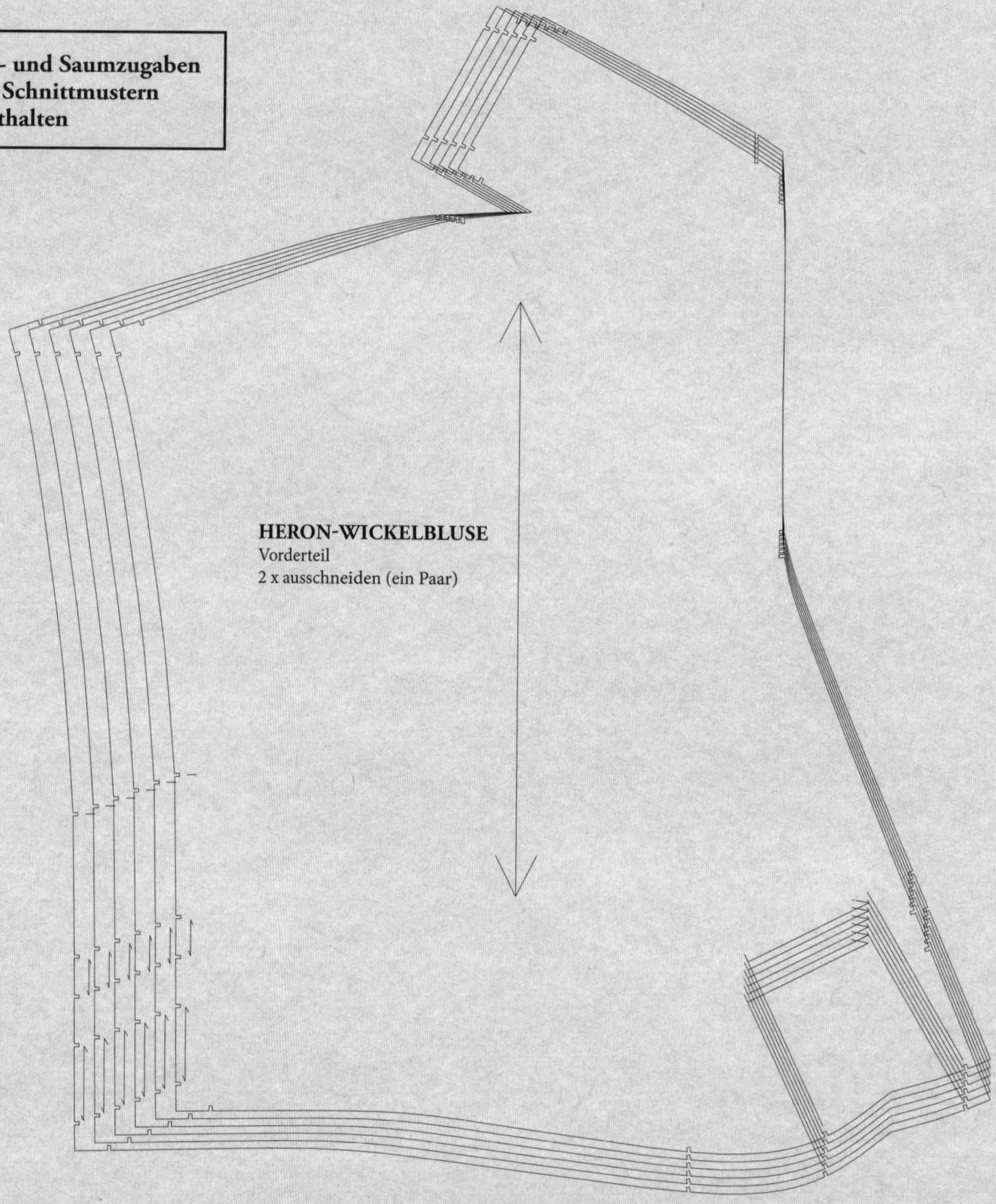

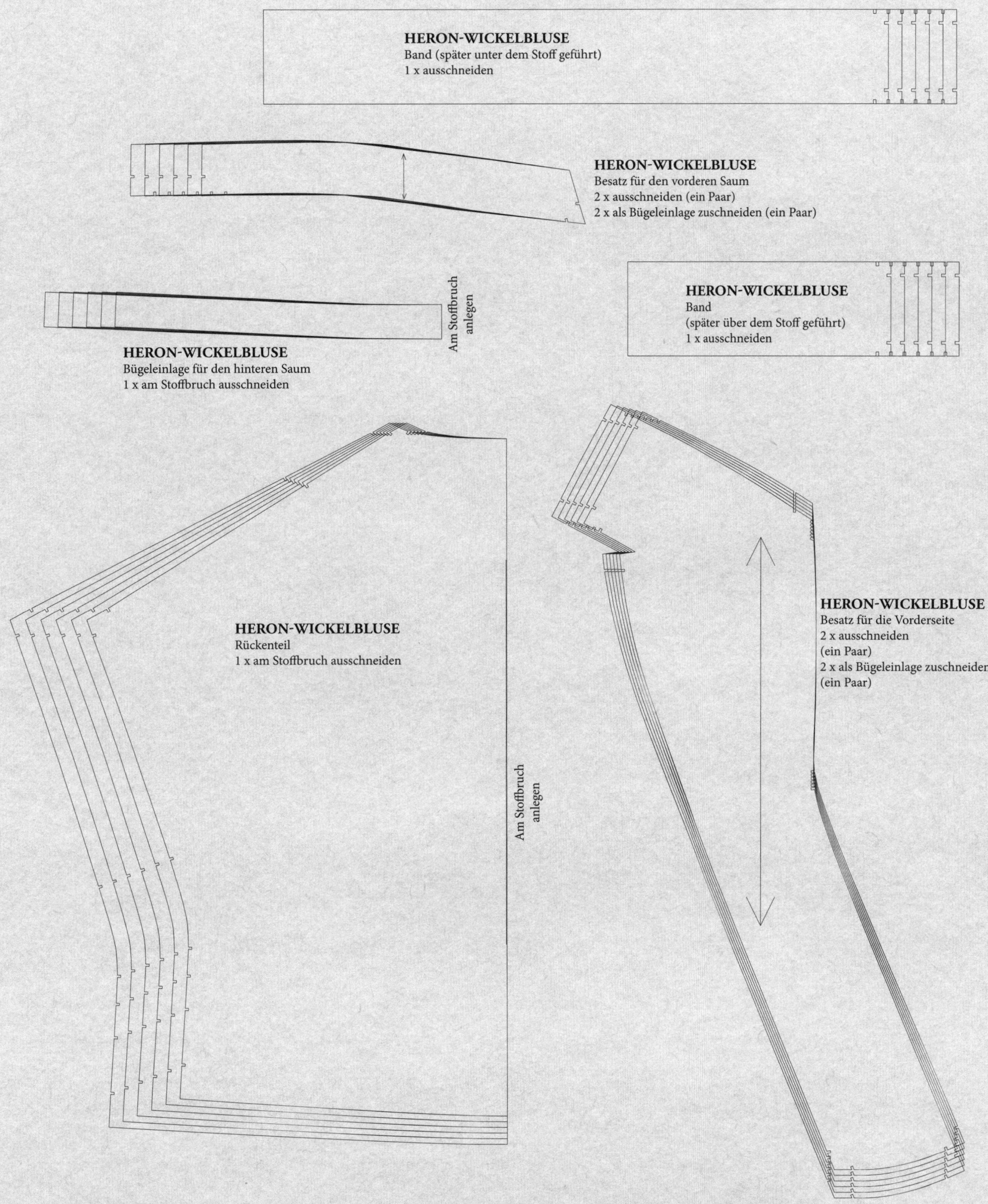
HERON-WICKELBLUSE
Band (später unter dem Stoff geführt)
1 x ausschneiden
HERON-WICKELBLUSE
Besatz für den vorderen Saum
2 x ausschneiden (ein Paar)
2 x als Bügeleinlage zuschneiden (ein Paar)
Am Stoffbruch anlegen
HERON-WICKELBLUSE
Band
(später über dem Stoff geführt)
1 x ausschneiden
HERON-WICKELBLUSE
Bügeleinlage für den hinteren Saum
1 x am Stoffbruch ausschneiden
HERON-WICKELBLUSE
Rückenteil
1 x am Stoffbruch ausschneiden
Am Stoffbruch anlegen
HERON-WICKELBLUSE
Besatz für die Vorderseite
2 x ausschneiden
(ein Paar)
2 x als Bügeleinlage zuschneiden
(ein Paar)

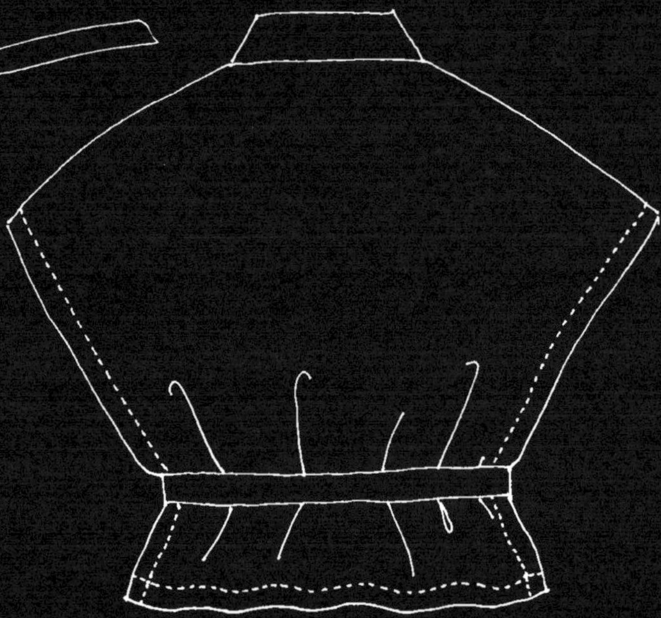

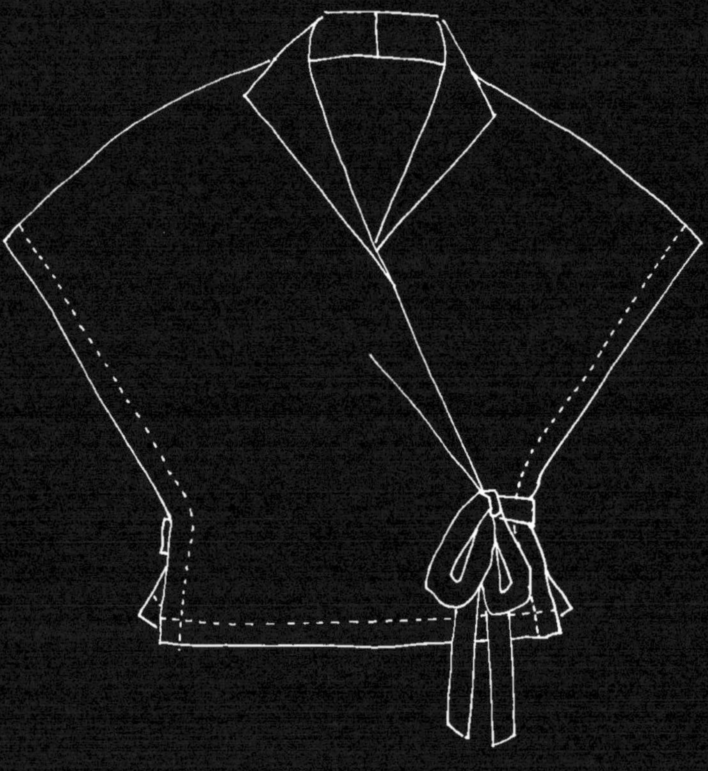

Stoffmengen

Heron-Wickelbluse

Größe	140 cm breit	120 cm breit	Bügeleinlage
8	1,45 m	1,70 m	0,75 m
10	1,45 m	1,70 m	0,75 m
12	1,45 m	1,75 m	0,75 m
14	1,50 m	1,75 m	0,75 m
16	1,70 m	2,40 m	0,75 m
18	1,75 m	2,40 m	0,75 m

Kurzwaren: passendes Nähgarn

Maße (cm)

Heron-Wickelbluse	8	10	12	14	16	18
Rückenlänge ab Halsausschnitt	55,5	56	56,5	57	57,5	58
Brustumfang	109	114	119	124	129	134

HERON

Zuschneidepläne für beide Stoffbreiten

Wickelbluse: Stoffbreite 140 cm bis einschließlich Größe 14

Falten Sie den Stoff rechts auf rechts, sodass die Webkanten aufeinanderliegen, und ordnen Sie die Schnittteile nach dem Plan an. Schneiden Sie alle Teile aus und übertragen Sie sämtliche Markierungen.

Bügeleinlage: Schneiden Sie zwei Besatzstücke für die Vorderseite und zwei Besatzstücke für den vorderen Saum aus.

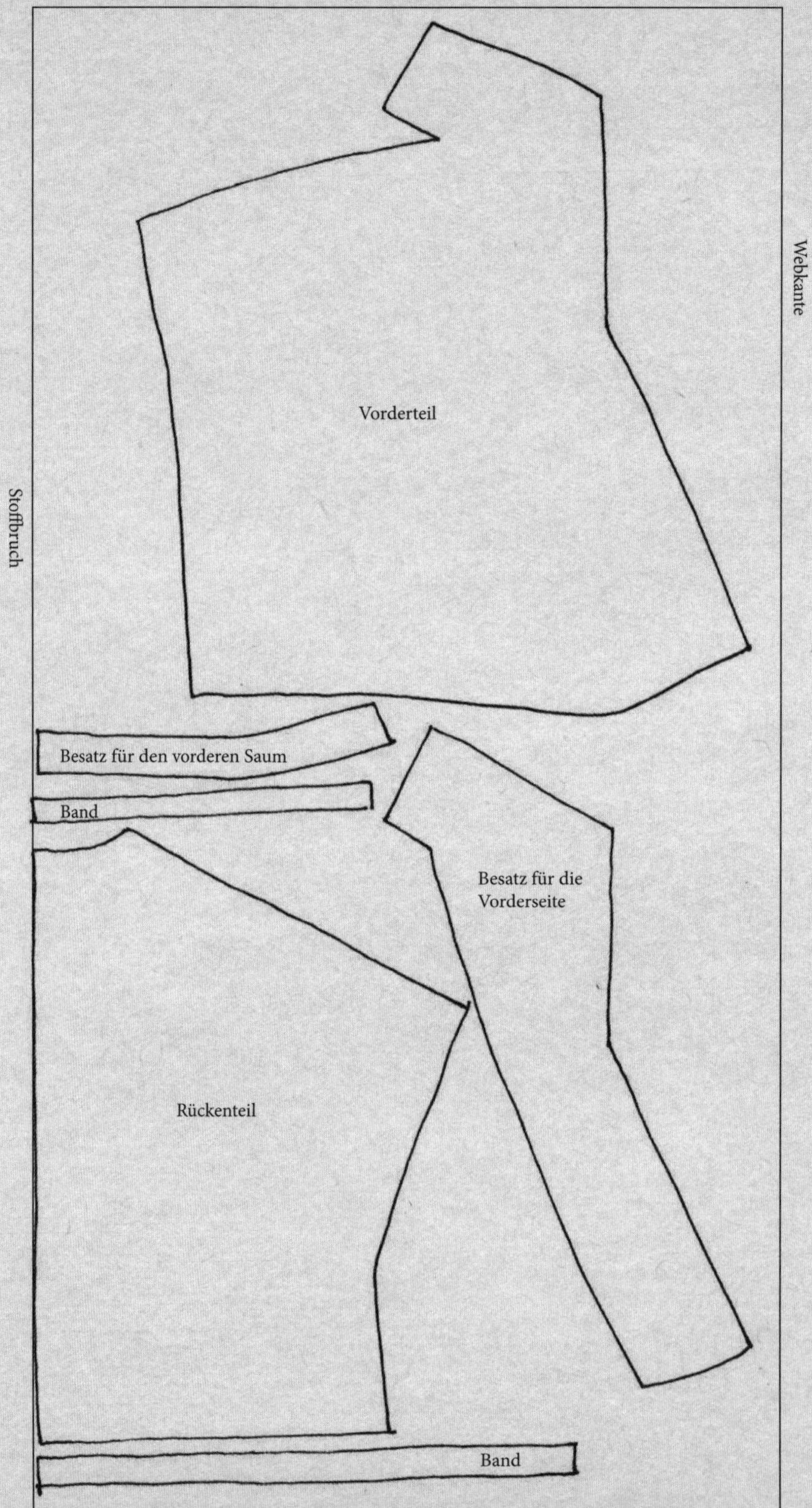

Wickelbluse: Stoffbreite 140 cm für die Größen 16-18 und Stoffbreite 120 cm für alle Größen

Falten Sie den Stoff rechts auf rechts, sodass die Webkanten aufeinanderliegen. Breiten Sie den Stoff wieder aus und platzieren Sie die Schnittteile für die Vorderseite und den Besatz des vorderen Saums wie im Plan dargestellt. Falten Sie den Stoff erneut und schneiden Sie nun alle übrigen Teile genau nach Plan aus. Übertragen Sie sämtliche Markierungen vom Schnittmuster auf die ausgeschnittenen Stoffstücke.

Bügeleinlage: Schneiden Sie zwei Besatzstücke für die Vorderseite und zwei Besatzstücke für den vorderen Saum aus.

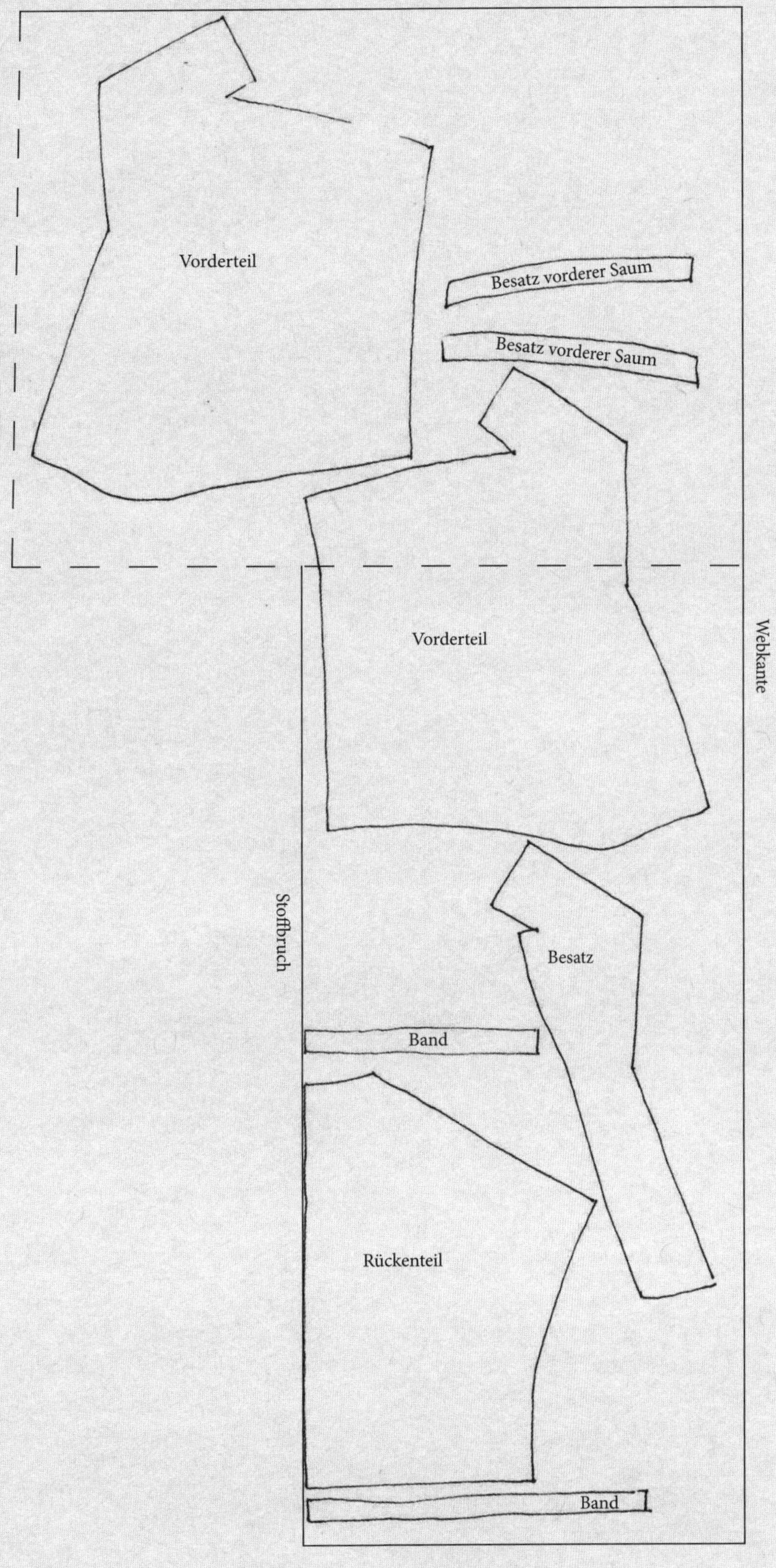

HERON-WICKELBLUSE

NÄHANLEITUNG

Bügeleinlage

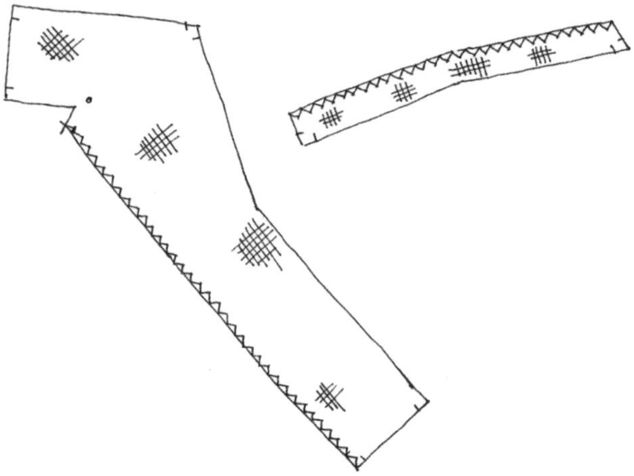

1. Arbeiten Sie von links und bügeln Sie die Bügeleinlage auf den Besatz für den vorderen Saum und auf den Besatz für den vorderen Kragen. Versäubern Sie die Kanten mit Zickzack- oder Overlockstich, wie in der Abbildung gezeigt.

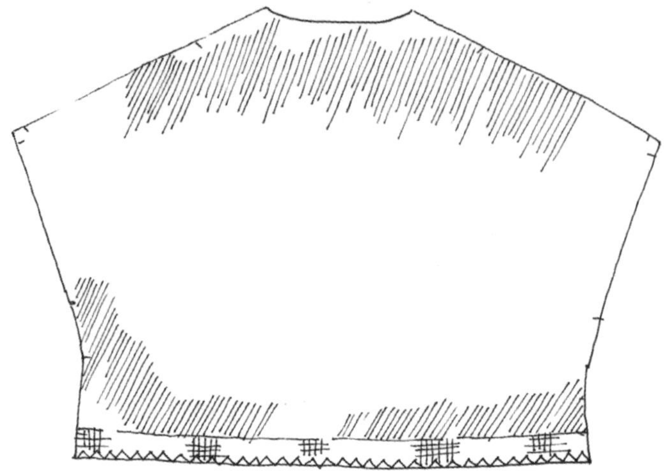

2. Bügeln Sie die Bügeleinlage von links auf das Rückenteil wie im Schnittmuster vorgesehen. Versäubern Sie die Kanten mit Zickzack- oder Overlockstich.

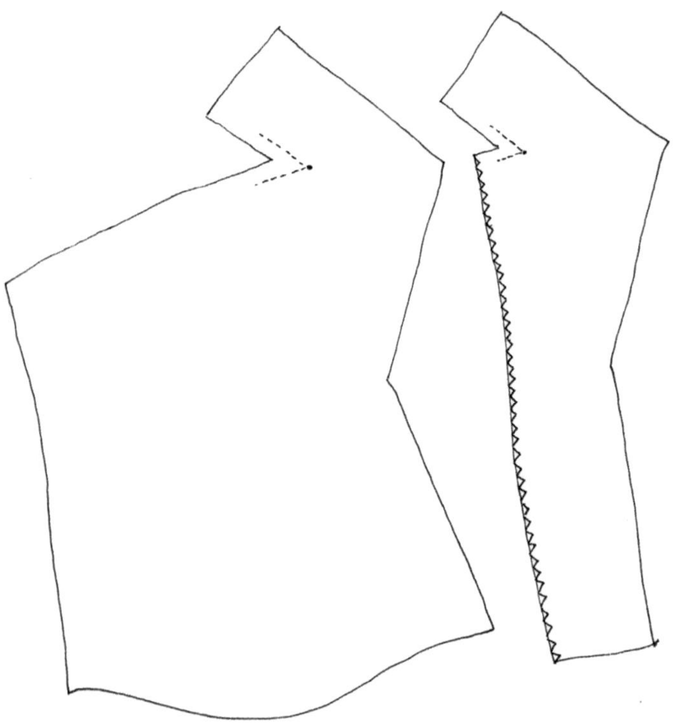

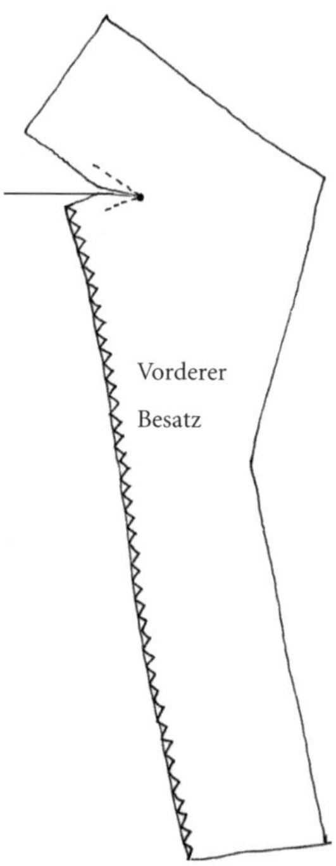

3. Verstärken Sie mit einem kleinen Maschinenstich die markierten Drehpunkte der Vorderteile und der vorderen Besatzstücke. Schneiden Sie diese Stellen an den Vorderteilen und den vorderen Besatzstücken etwas ein. Die Abbildung zeigt das Einknipsen am Besatz.

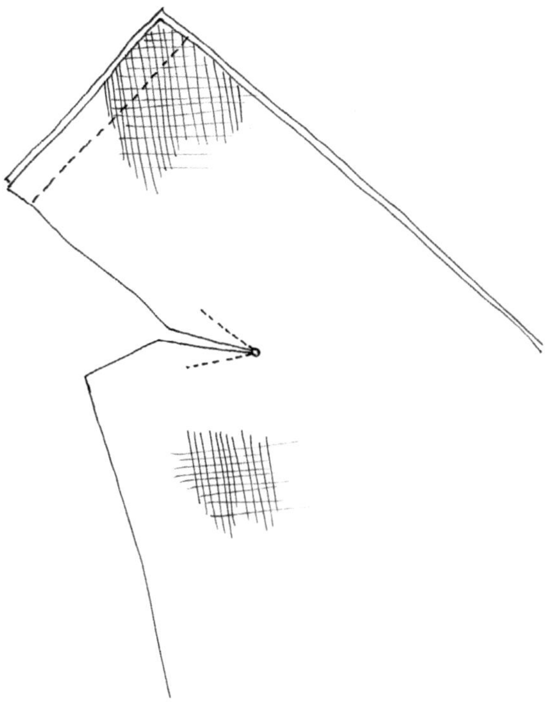

4. Nehmen Sie die vorderen Besatzstücke zur Hand. Stecken Sie sie rechts auf rechts zusammen und steppen Sie die hintere Kragennaht.

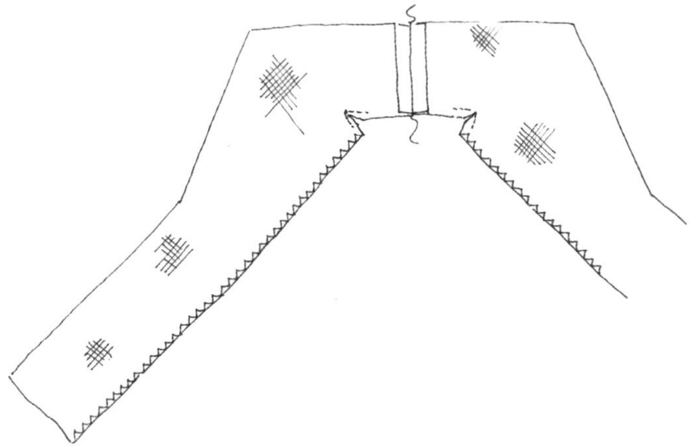

5. Bügeln Sie die Naht auseinander.

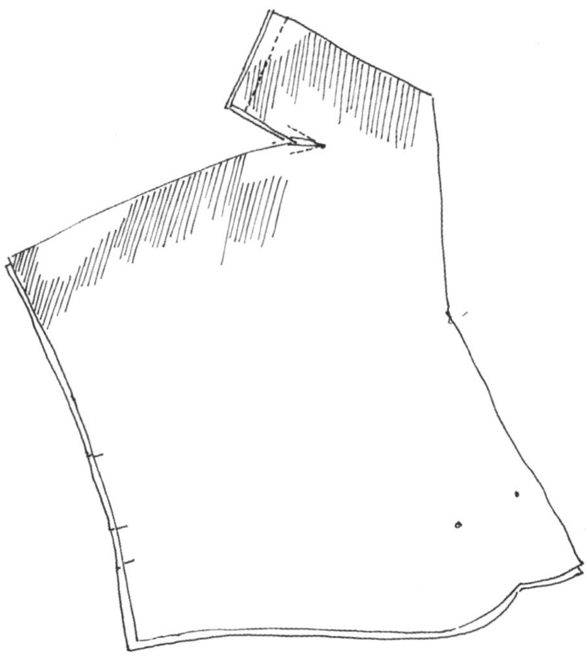

6. Nehmen Sie die beiden Vorderteile zur Hand. Stecken Sie sie rechts auf rechts zusammen, wie in der Abbildung gezeigt und steppen Sie die hintere Kragennaht. Bügeln Sie die Naht auseinander.

Vorderteile an das Rückenteil nähen

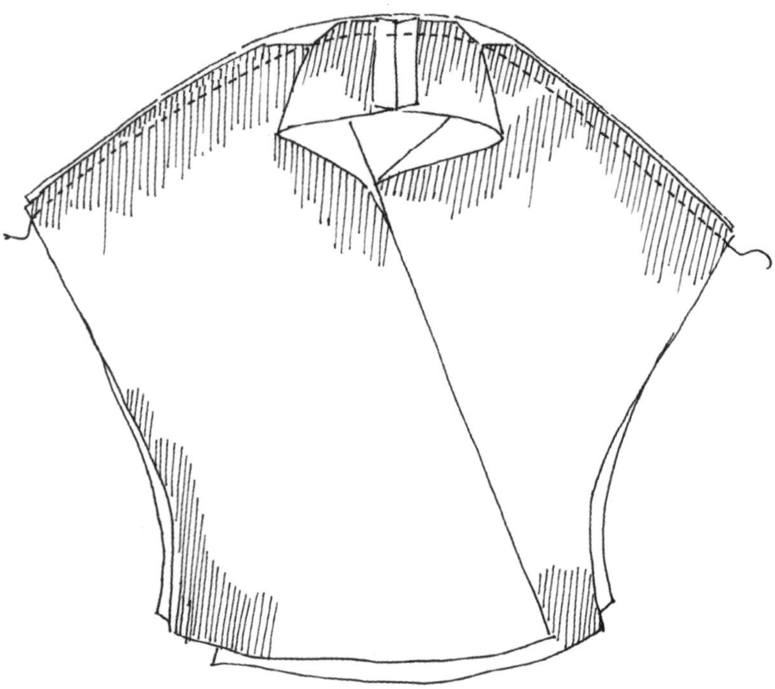

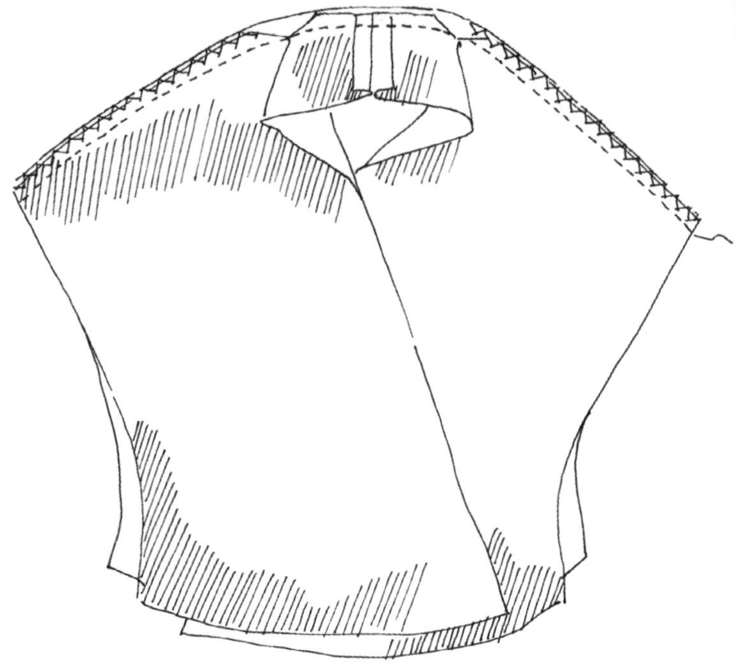

7. Die Stoffteile liegen rechts auf rechts, und die Knipse sind genau übereinander. Stecken Sie die Vorderteile an den Schultern und am Halsausschnitt an das Rückenteil und steppen Sie die Nähte. Dehnen Sie die eingeschnittene Naht an den markierten Drehpunkten, sodass sie sich dem Halsausschnitt und den Schultern anpasst. Stellen Sie einen kleineren Stich ein, wenn Sie rund um diese Punkte steppen, um die Naht hier besonders haltbar zu machen.

8. Bügeln Sie die Naht auseinander und bügeln Sie dann die Nahtkanten wieder zusammen. Versäubern sie die Schulternähte, indem sie die Nahtkanten mit einem Zickzack- oder Overlockstich zusammennähen, wie in der Abbildung dargestellt. Bügeln Sie anschließend die Naht in Richtung Vorderseite und Kragen.

Bänder und vordere Falten

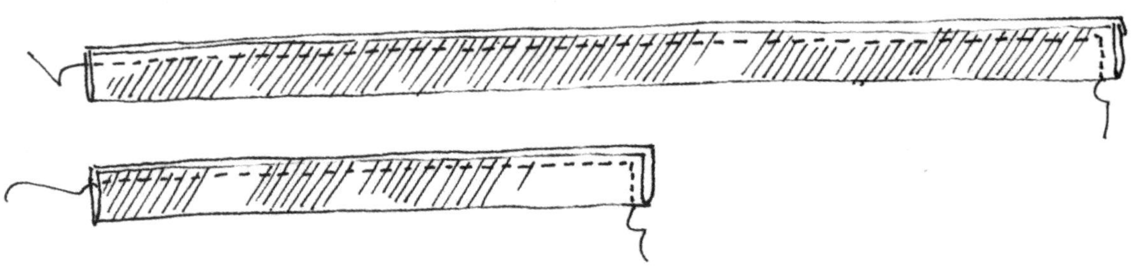

9. Falten Sie beide Bänder der Länge nach und stecken Sie die Kanten aufeinander; steppen Sie die Nähte, bei jedem Band ein Ende offen lassen, wie in der Abbildung gezeigt. Beschneiden Sie die Ecken und drehen Sie beide Bänder auf rechts und bügeln Sie sie.

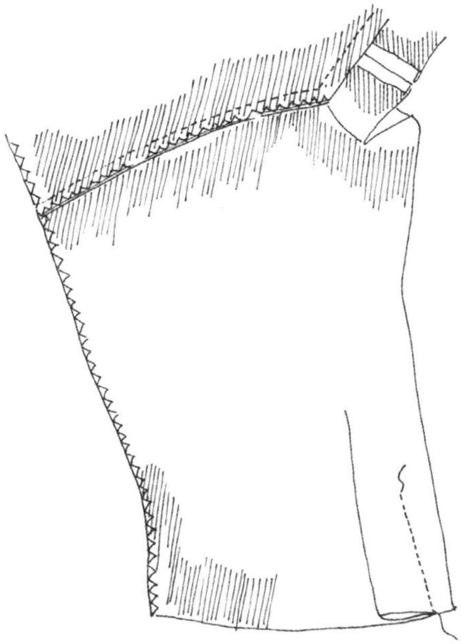

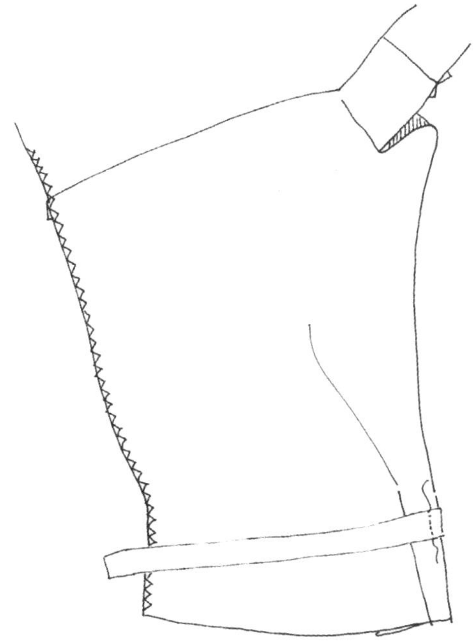

10. Stecken Sie nun an beiden Vorderteilen eine Falte ab und nähen Sie sie fest. Die Knipse müssen dabei genau übereinanderliegen. Bügeln Sie die Falten in Richtung Seitennaht. Versäubern Sie die Seitennaht mit einem Zickzack- oder Overlockstich.

11. Arbeiten Sie von rechts an den Vorderteilen weiter. Stecken Sie die Bänder fest und steppen Sie sie an. Das obere Band (kurz) gehört auf das rechte Vorderteil wie abgebildet; das untere Band (lang) auf das linke Vorderteil.

Besatz aufsteppen und Seitennähte nähen

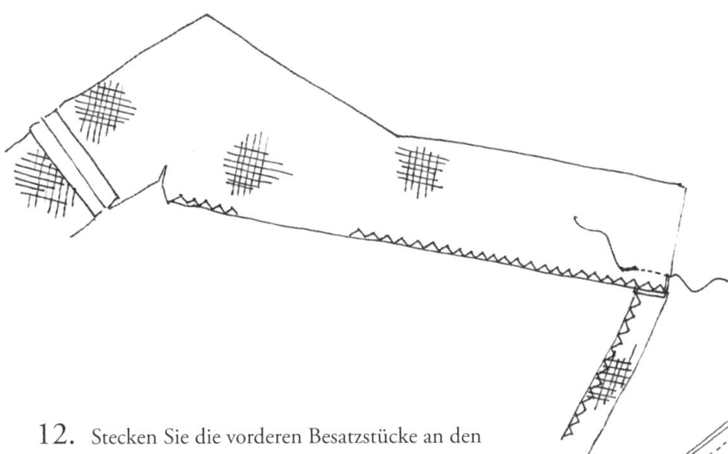

12. Stecken Sie die vorderen Besatzstücke an den Besatz für den Saum und steppen Sie die Nähte. Bügeln Sie die Nähte zunächst auseinander und dann Richtung Saumbesatz wie abgebildet.

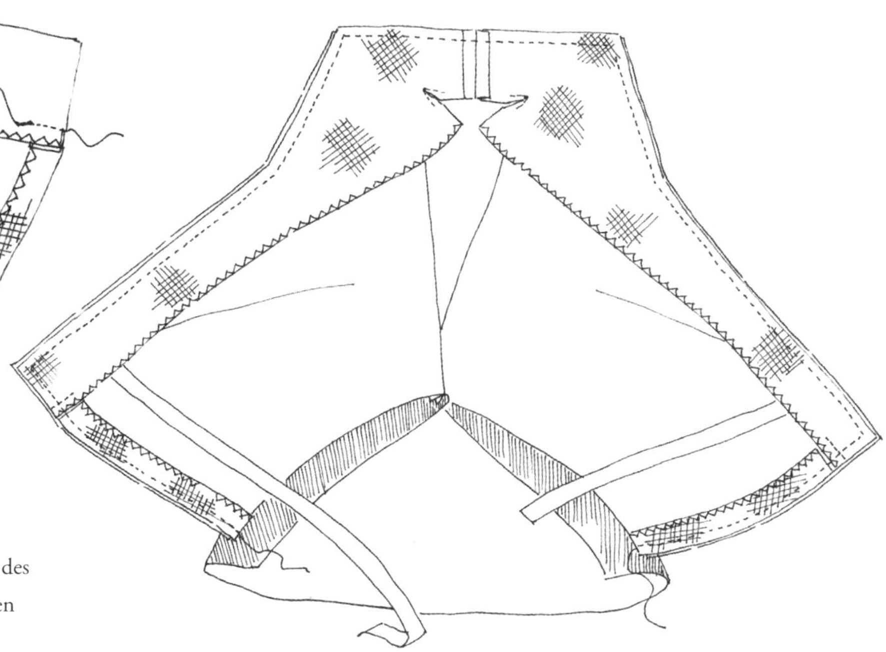

13. Stecken Sie rechts auf rechts den Besatz auf die Vorderteile des Kleidungsstücks, wie in der Abbildung gezeigt. Alle Knipse müssen genau aufeinanderliegen. Steppen Sie die Nähte.

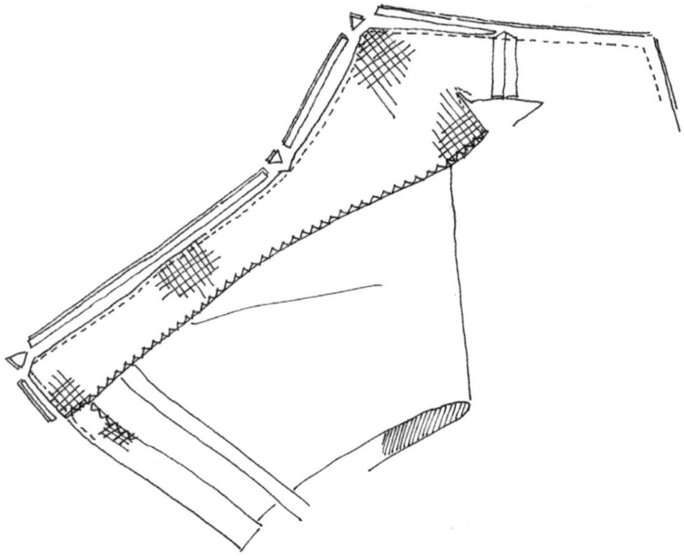

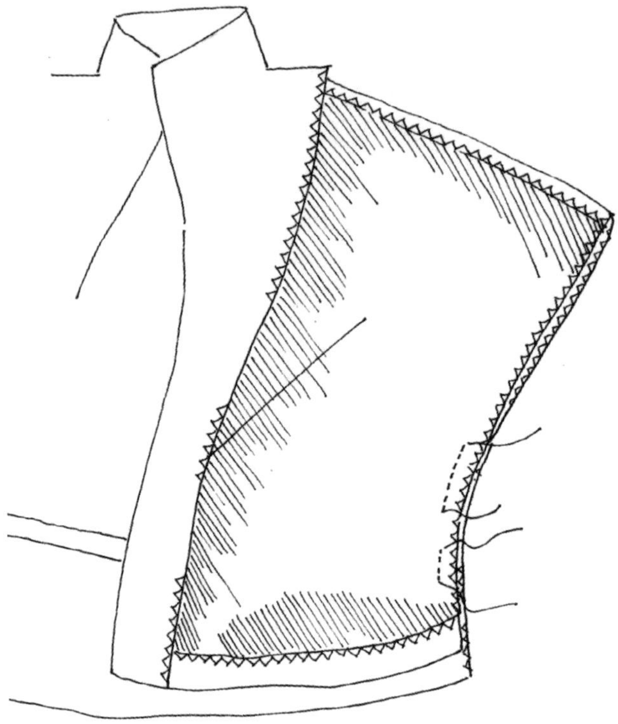

14. Beschneiden Sie alle Ecken, knipsen Sie die Kurven ein und beschneiden Sie die Nähte. Drehen Sie das Kleidungsstück auf rechts und bügeln Sie es.

15. Steppen Sie die Seitennähte rechts auf rechts. Alle Knipse müssen genau aufeinander platziert sein (die Nahtzugabe beträgt 2 cm). Nehmen Sie evtl. Anpassungen vor, wie in Schritt 16 erläutert, steppen Sie dann die Nähte und vergessen Sie nicht, auf der rechten Seite eine Öffnung zu lassen, wie auf dem Schnittmuster eingezeichnet. Die Öffnung muss so groß sein, dass später das Band hindurchgezogen werden kann. Bügeln Sie die Nähte auseinander.

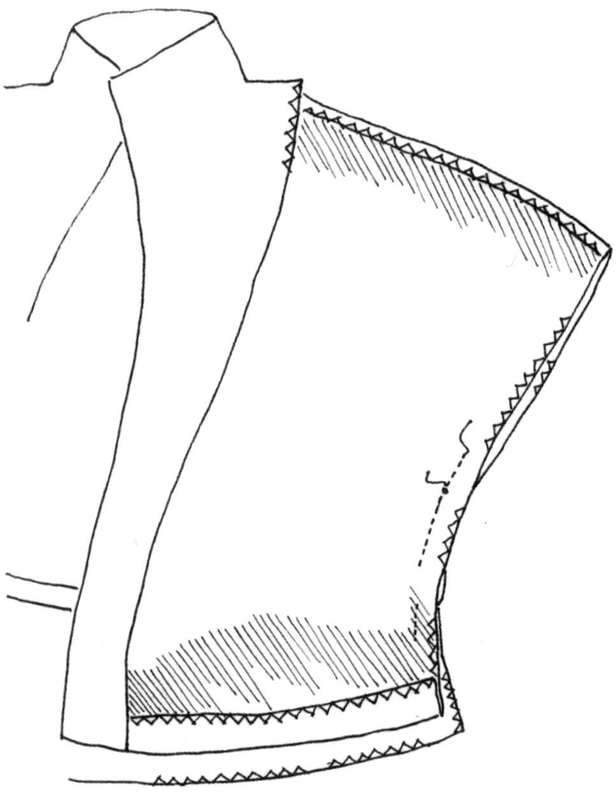

16. Probieren Sie das Kleidungsstück an und prüfen Sie, ob Sie die Weite der Armausschnitte verändern müssen. Um den Armausschnitt enger zu nähen, verlängern Sie die Seitennaht nach oben in Richtung Armloch.

Säume

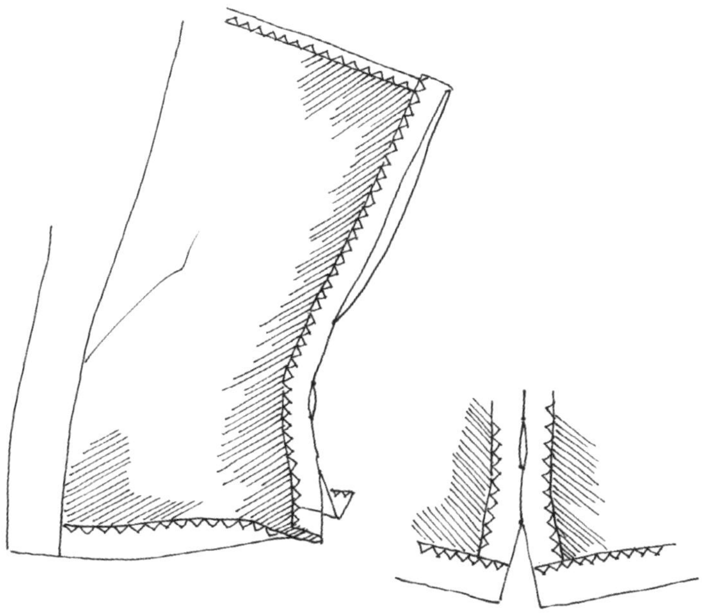

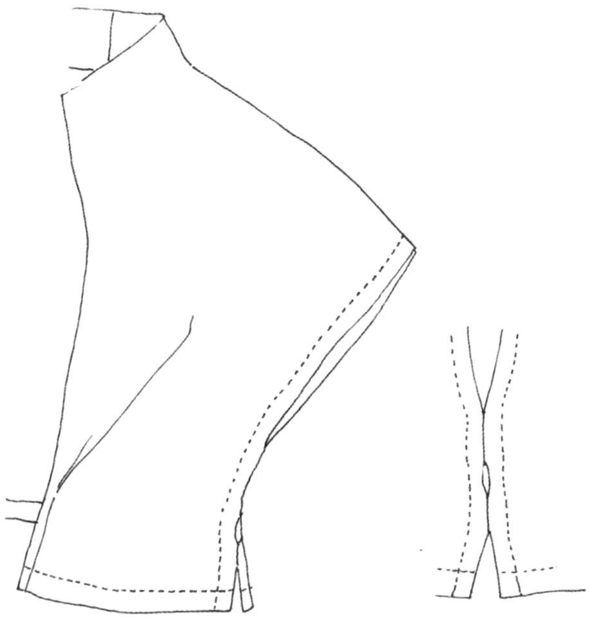

17. Schlagen Sie am Armausschnitt zunächst 2 cm Nahtzugabe um und bügeln Sie die Kante. Falten Sie dann den Saum in der gewünschten Breite. Stecken Sie die Kante des Armausschnittes mit Stecknadeln fest oder verwenden Sie Heftfaden.

18. Steppen Sie die Säume durch (Armausschnitte und unterer Saum) wie abgebildet. Sie können diese auch mit einem Blindstich per Hand nähen.

Kragen fertigstellen

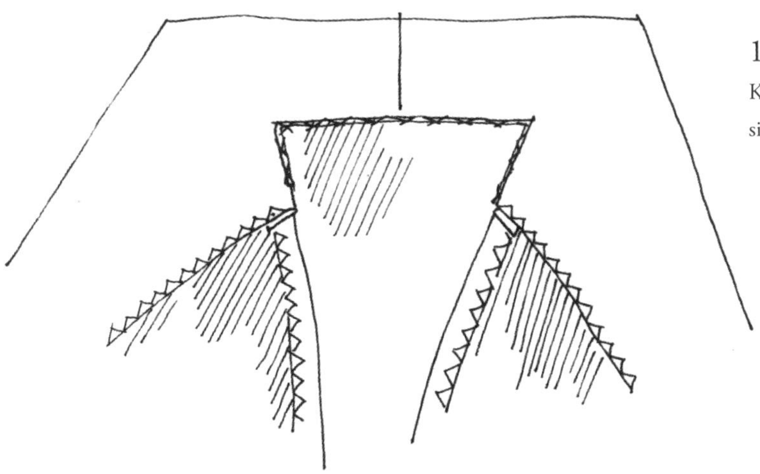

19. Schlagen Sie die Nahtzugabe am hinteren Rand des Kragenbesatzes nach unten um. Stecken Sie sie fest und befestigen Sie sie mit Blindstich. Bügeln Sie den Kragen vorsichtig.

MODELL HAREMERE

Dieser Modellschnitt ergibt eine Oversized-Jacke mit überschnittenen Schultern, umgelegtem Schalkragen und aufgesetzten Vordertaschen. Wenn Sie die Schnittteile für den Rumpf verlängern, wird aus der Jacke ein knielanger Mantel für die Übergangsjahreszeiten.

Wir haben uns von einer Leinenjacke für Herren inspirieren lassen, die Schulternähte und Armausschnitte weicher modelliert, die Schultern tiefer angesetzt und die Form behutsam verändert, sodass sie sich weiblichen Kurven anschmiegt. Das Ergebnis ist eine lässige, teilgefütterte und geknöpfte Jacke.

Das Modell Haremere verleiht der Trägerin eine entspannte, selbstbewusste Eleganz. Es eignet sich perfekt, um auf der Piazza San Marco in Venedig unter freiem Himmel zu Abend zu essen. Auch auf der belebten Portobello Road in London machen Sie damit jederzeit eine gute Figur.

Dieses Herzstück Ihrer zukünftigen Garderobe haben wir in den Größen S, M und L entworfen. Wir empfehlen weiches, mittelschweres Leinen oder, für kühlere Gegenden, Harris Tweed oder opulenten Cordsamt.

HAREMERE-JACKE

Schnittmuster

Die Jacke hat vierzehn Schnittteile:

Vorderteil | Seitenteil | Rückenteil | Besatz für die Vorderseite | Tasche | oberer Ärmel | unterer Ärmel | 2 x Futterstücke | 5 x Bügeleinlagen für Säume

Die Schnittteile müssen von den Musterbögen E, I & J übertragen werden.

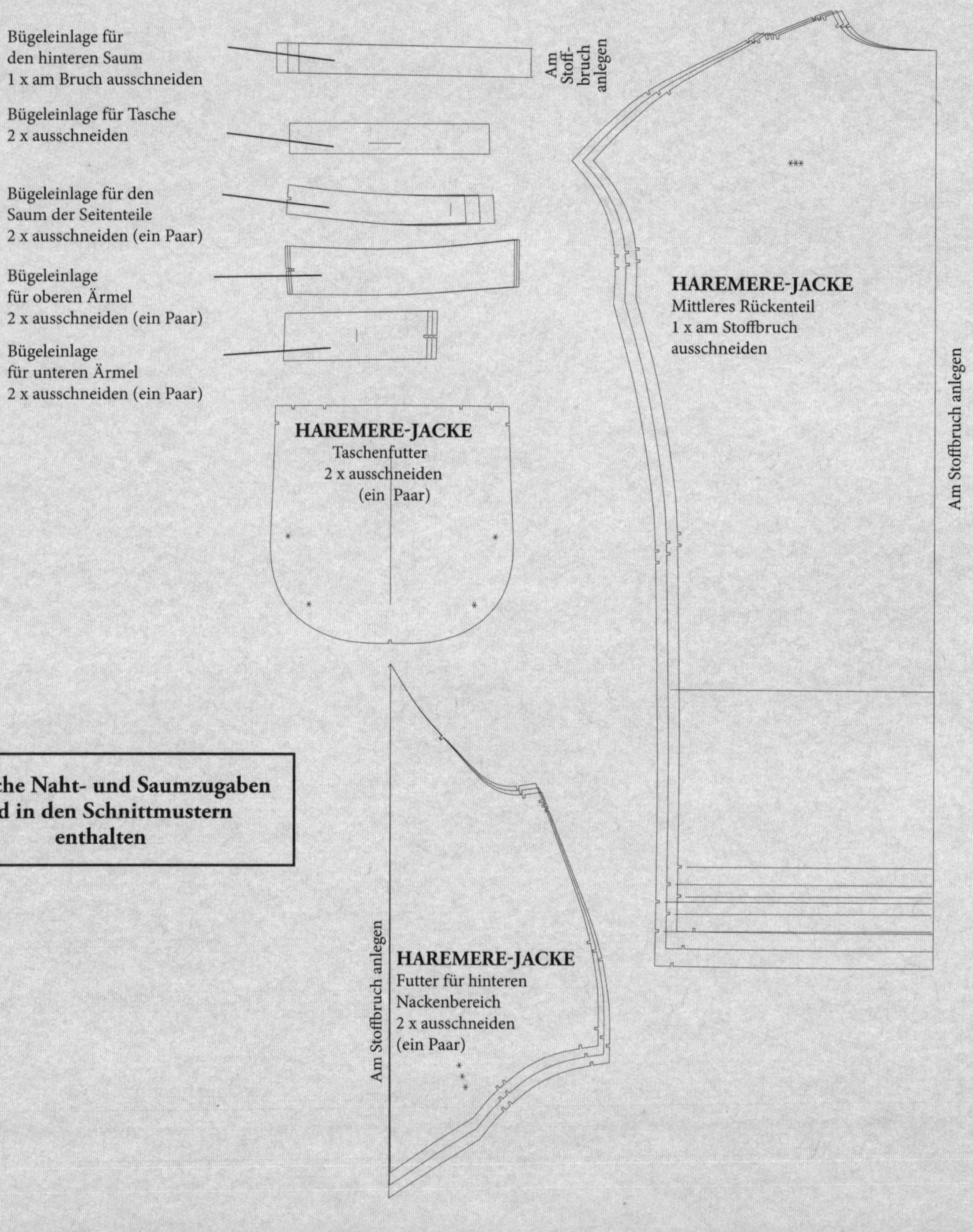

Sämtliche Naht- und Saumzugaben sind in den Schnittmustern enthalten

HAREMERE-JACKE
Unterer Ärmel
2 x (ein Paar) aus dem Jackenstoff ausschneiden
2 x (ein Paar) aus dem Stoff für das Innenfutter ausschneiden

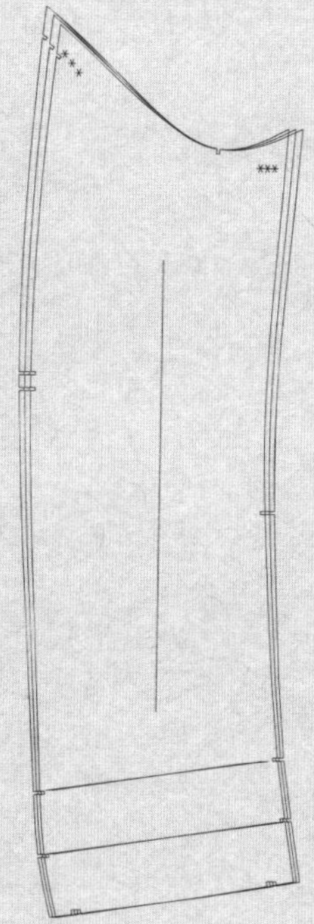

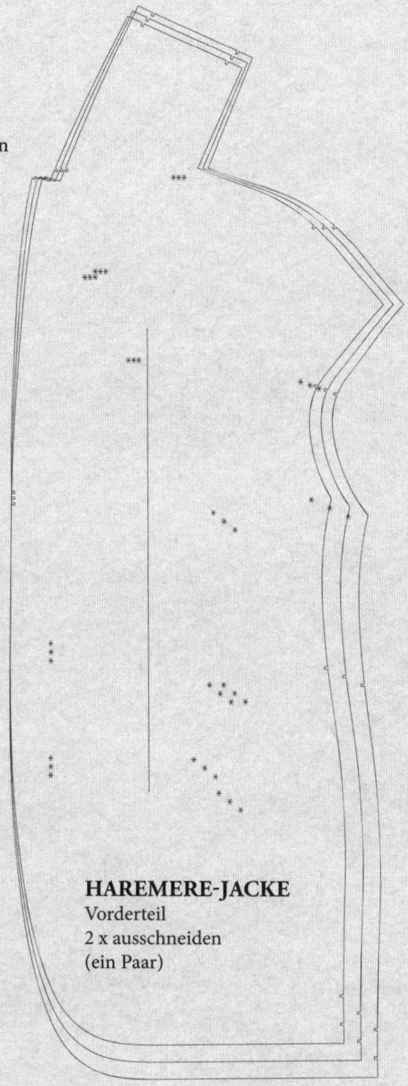

HAREMERE-JACKE
Vorderteil
2 x ausschneiden
(ein Paar)

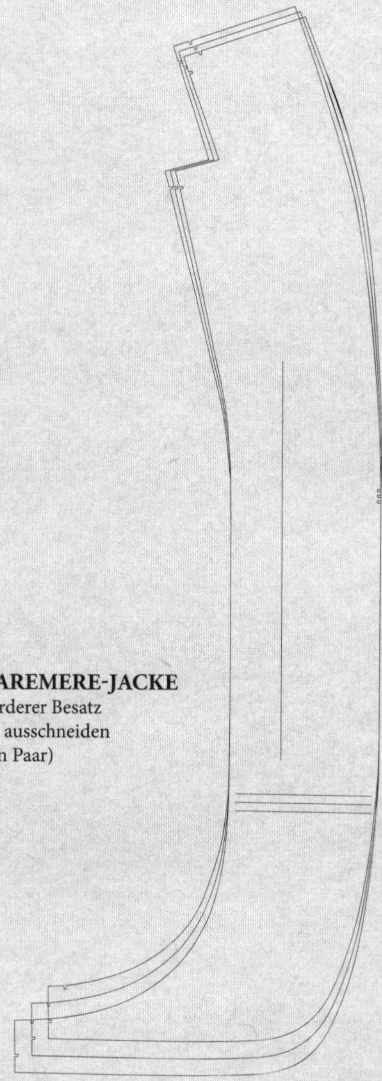

HAREMERE-JACKE
Vorderer Besatz
2 x ausschneiden
(ein Paar)

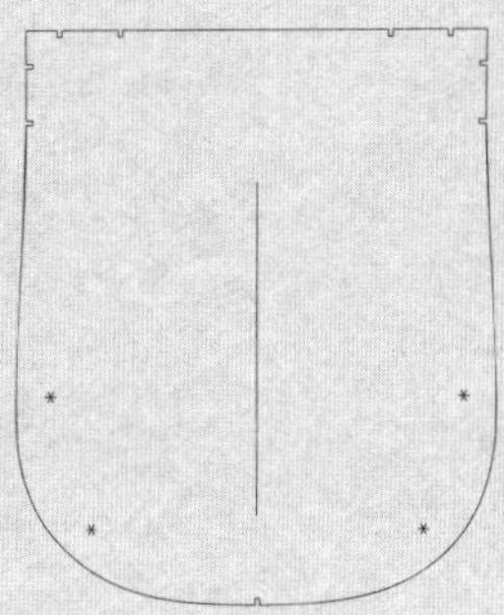

HAREMERE-JACKE
Tasche
2 x ausschneiden
(ein Paar)

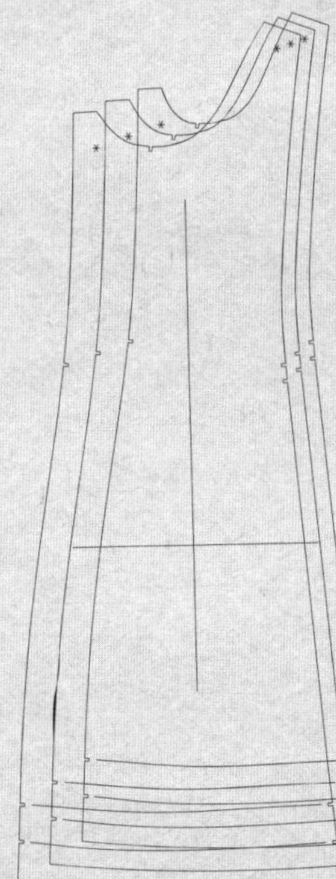

HAREMERE-JACKE
Seitenteil
2 x ausschneiden
(ein Paar)

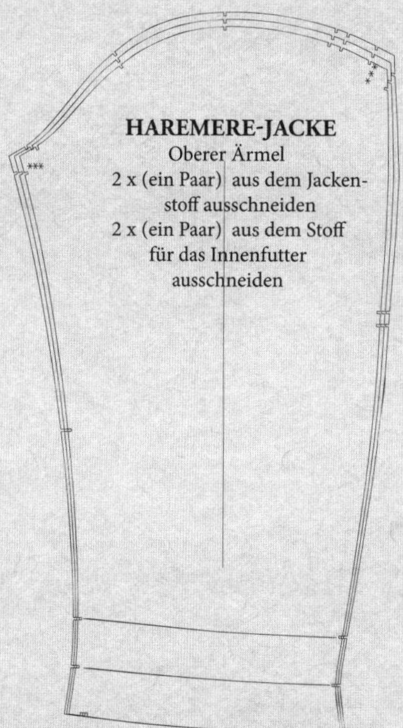

HAREMERE-JACKE
Oberer Ärmel
2 x (ein Paar) aus dem Jackenstoff ausschneiden
2 x (ein Paar) aus dem Stoff für das Innenfutter ausschneiden

HAREMERE-
MANTEL
Schnittmuster

Der Mantel umfasst vierzehn Schnittteile:

Vorderteil | Seitenteil | Rückenteil | Besatz für die Vorderseite | Tasche | oberer Ärmel | unterer Ärmel | 2 x Futterstücke | 5 x Bügeleinlagen für Säume

Verwenden Sie die Schnittteile für die Haremere-Jacke und verlängern Sie das Vorderteil, den vorderen Besatz, das Seitenteil und das Rückenteil wie unten angegeben. Sie benötigen 60 cm Stoff zusätzlich.

Schnittteile für den Haremere-Mantel verlängern

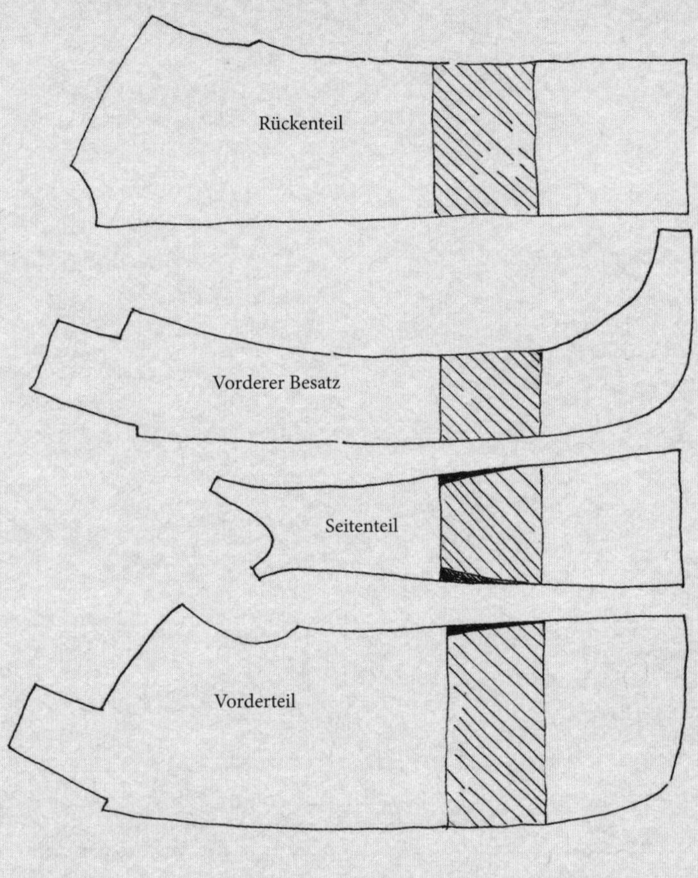

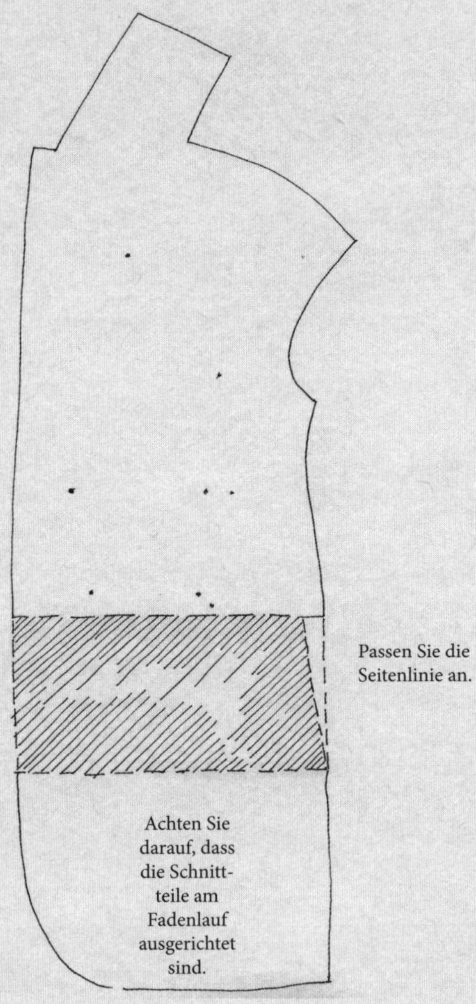

1. Übertragen Sie die Schnittteile für das Vorderteil, den vorderen Besatz, das Seitenteil und das Rückenteil aus dem Schnittmuster für die Haremere-Jacke und verlängern Sie sie an den eingezeichneten Stellen um 26 cm.

2. Passen Sie die Seitenlinien des Vorderteils und des vorderen Besatzes an und achten Sie darauf, dass auch die verlängerten Schnittteile am Fadenlauf ausgerichtet sind.

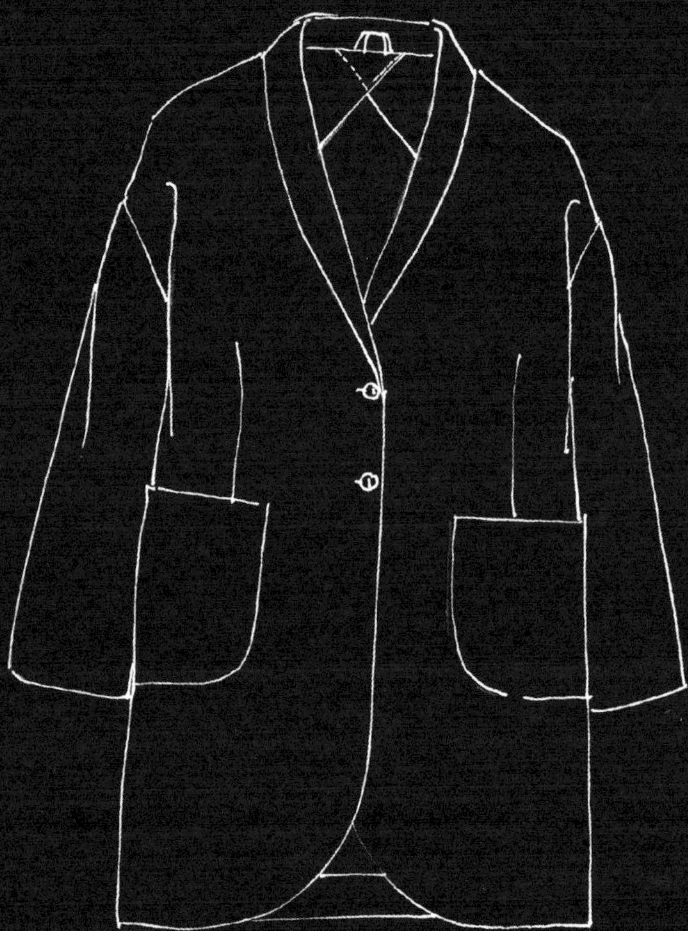

Stoffmengen

Haremere-Jacke

Größe	140 cm breit	120 cm breit	Futter	Bügeleinlage
Small	2,00 m	2,50 m	1,25 m	1,00 m
Medium	2,00 m	2,50 m	1,25 m	1,00 m
Large	2,30 m	2,75 m	1,25 m	1,00 m

Haremere-Mantel

Größe	140 cm breit	120 cm breit	Futter	Bügeleinlage
Small	2,60 m	3,10 m	1,25 m	1,60 m
Medium	2,60 m	3,10 m	1,25 m	1,60 m
Large	2,90 m	3,35 m	1,25 m	1,60 m

Kurzwaren für beide Varianten: zwei Jackenknöpfe, passendes Nähgarn

Maße (cm)

Haremere-Jacke	**SMALL**	**MEDIUM**	**LARGE**
Rückwärtige Länge ab Kragen	71	72	73
Brustumfang	105	115	125
Untere Ärmelnaht	42	43	44
Haremere-Mantel	**SMALL**	**MEDIUM**	**LARGE**
Rückwärtige Länge ab Kragen	97	98	99

HAREMERE

Zuschneidepläne für beide Varianten und Stoffbreiten

Jacke: 140 cm breiter Stoff

Falten Sie den Stoff rechts auf rechts, sodass die Webkanten aufeinanderliegen, und ordnen Sie die Schnittteile an wie hier dargestellt. Schneiden Sie alle Teile aus und übertragen Sie sämtliche Markierungen. Schneiden Sie außerdem aus dem Stoff für das Innenfutter zwei obere Ärmel, zwei untere Ärmel und zwei Taschen aus. Schneiden Sie die Bügeleinlagen aus.

Für den Mantel gilt der gleiche Zuschneideplan wie für die Jacke. Folgen Sie der Nähanleitung für die Jacke auf den Seiten 102-113.

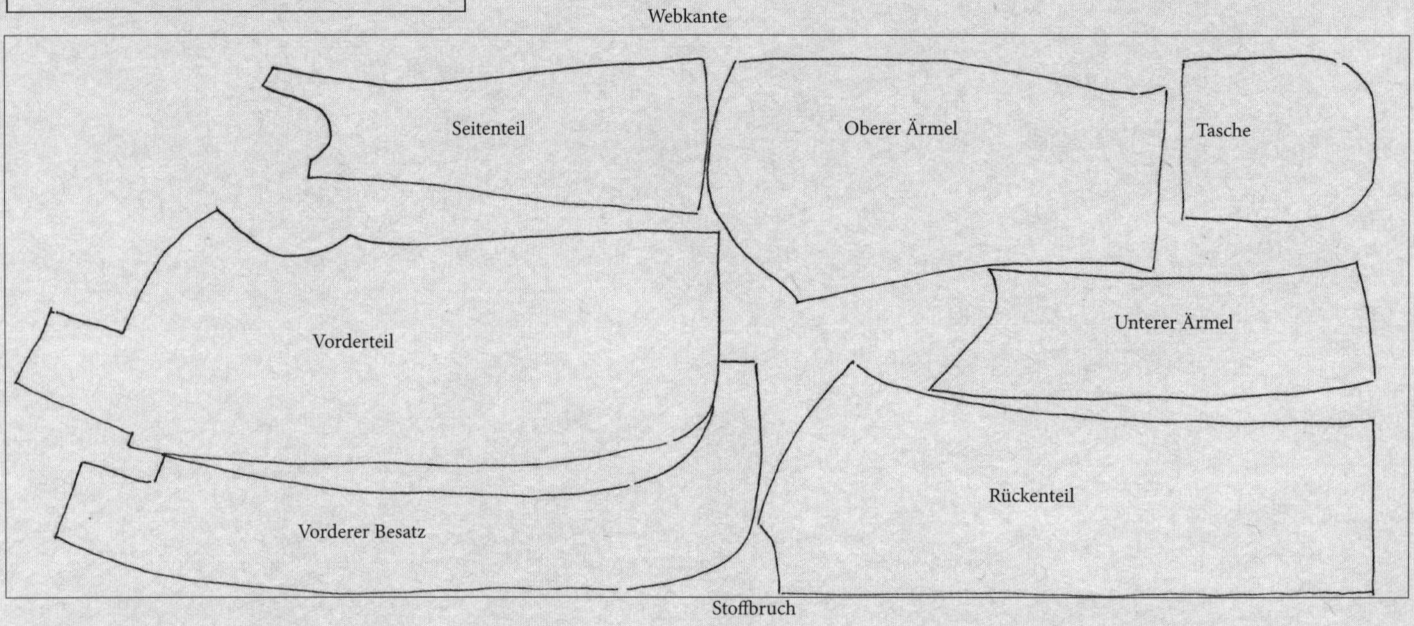

Jacke: 120 cm breiter Stoff

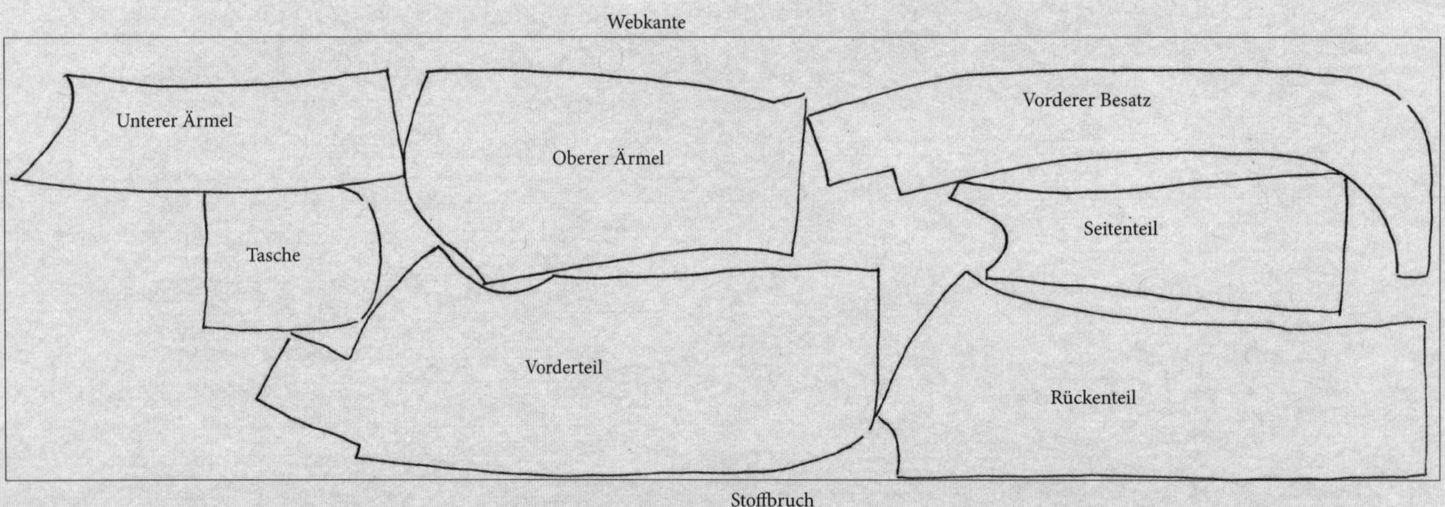

Innenfutter: 120 cm breiter Stoff

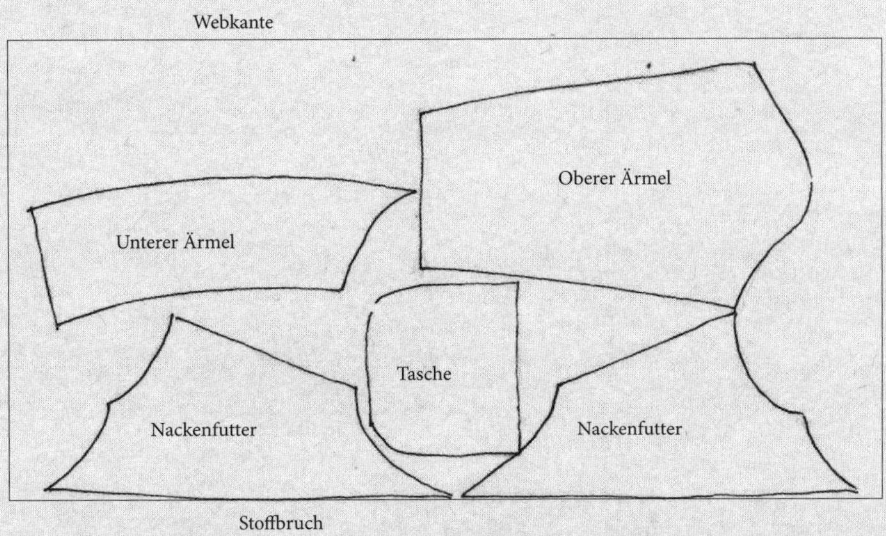

Innenfutter: 140 cm breiter Stoff

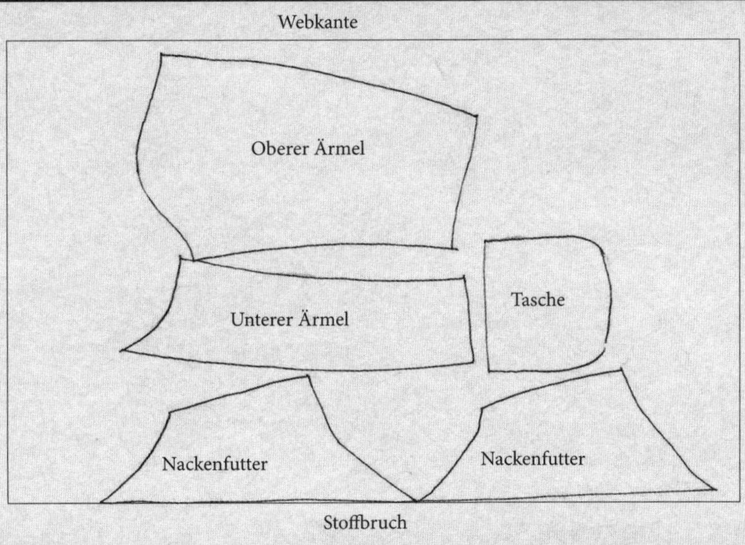

Bügeleinlage

Übertragen Sie alle Knipse und Markierungen von den Schnittteilen auf die Stoffteile, bevor Sie die Schnittteile entfernen. Sie können dafür Schneiderkreide nutzen oder die Markierungen mit Heftfaden durchschlagen. Bringen Sie die Bügeleinlagen von links am vorderen Besatz, den Taschen und allen Säumen an, wie auf den Schnittteilen eingezeichnet. Wir empfehlen für die Bügeleinlagen einen leichten Webstoff. Achten Sie darauf, die Stoffteile beim Aufbügeln der Einlagen nicht zu dehnen: Beginnen Sie mit einem kalten Bügeleisen und erhöhen Sie die Temperatur nach und nach, bis die Bügeleinlage sich fest mit dem Stoff verbunden hat.

HAREMERE-JACKE

Nähanleitung

Kanten des vorderen Besatzes einfassen

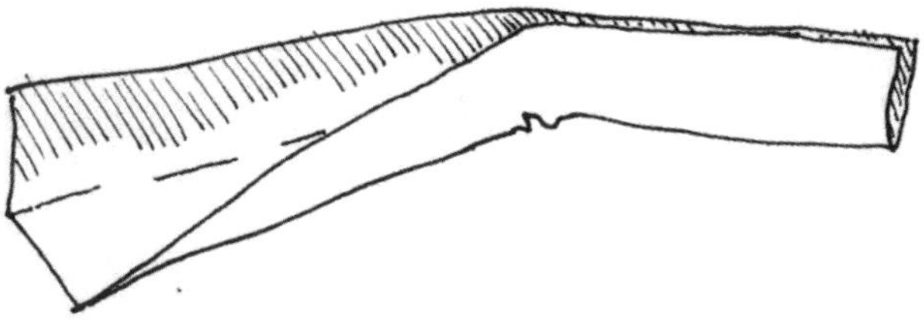

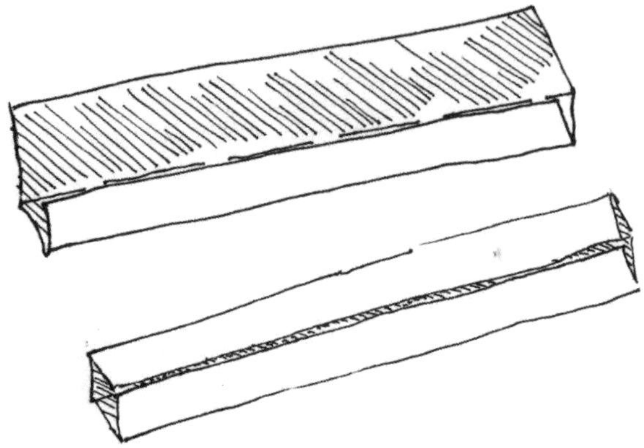

1. Fertigen Sie Schrägband an, um die gesamte Nahtzugabe an der losen Kante des vorderen Besatzes einzufassen. Sie brauchen 3,4 m bis 3,6 m je nach Größe Ihrer Jacke (3,7 m bis 3,9 m für den Mantel). Nehmen Sie das Schrägband doppelt, indem Sie die einzelnen Stücke zunächst zurechtschneiden und aneinandernähen und dann das Band der Länge nach falten und bügeln.

2. Falten Sie das Schrägband wieder auseinander und anschließend die beiden Längskanten so, dass sie sich in der Mitte treffen, und bügeln Sie das Band.

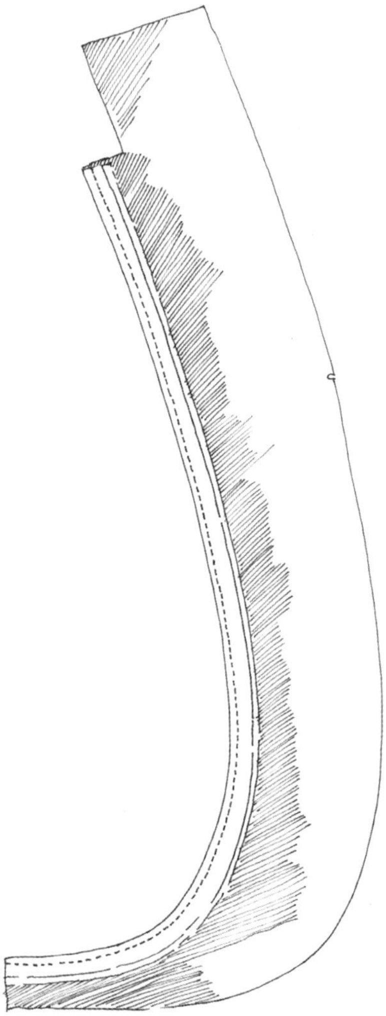

3. Falten Sie das Band ein weiteres Mal der Länge nach und bügeln Sie es.

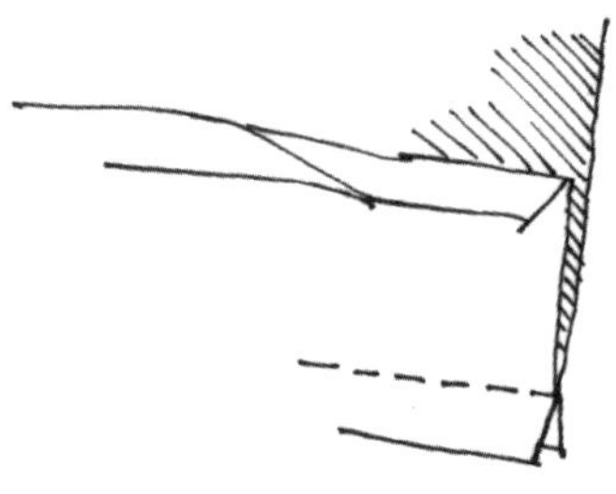

4. Heften und steppen Sie die Schrägbandeinfassung auf die Kante des vorderen Besatzes. Dabei zeigen die linken Seiten der Stoffteile zu Ihnen. Steppen Sie am unteren Bruch des Schrägbandes entlang.

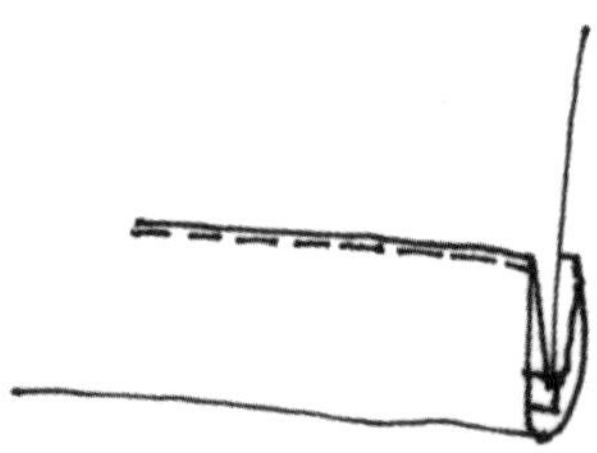

5. Schlagen Sie das Schrägband um die Kante auf die rechte Seite des vorderen Besatzes und steppen Sie es knappkantig durch. Bügeln Sie die Einfassung.

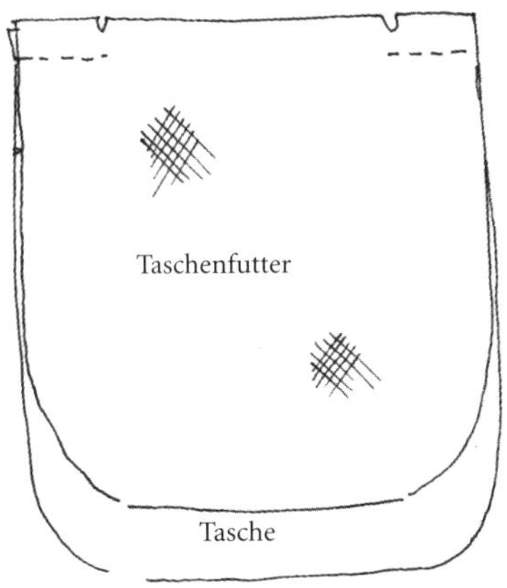

6. Stecken Sie das Innenfutter rechts auf rechts auf die Taschen und steppen Sie es auf. Lassen Sie zwischen den Knipsen eine Öffnung, um die Tasche später zu wenden. Bügeln Sie die Naht Richtung Futter.

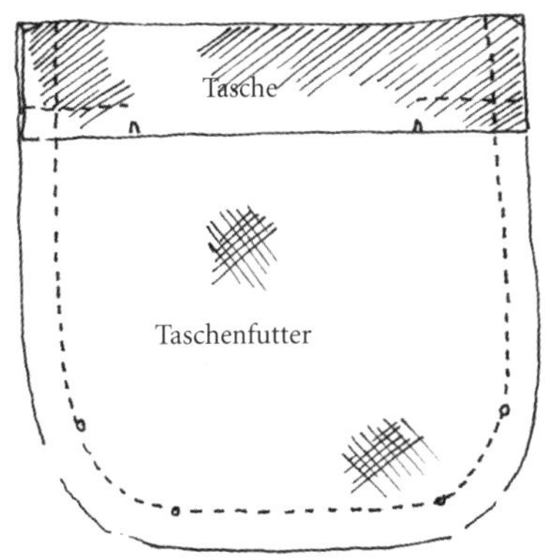

7. Falten Sie die Tasche entlang der eingezeichneten Linie. Platzieren Sie die Knipse genau übereinander und stecken Sie den Stoff fest. Steppen Sie die Tasche an das Innenfutter und bügeln Sie die Naht Richtung Innenfutter.

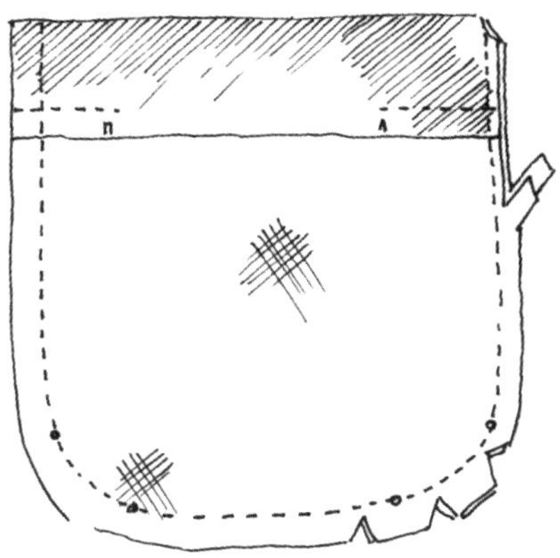

8. Beschneiden Sie die Nähte und knipsen Sie die Kurven ein.

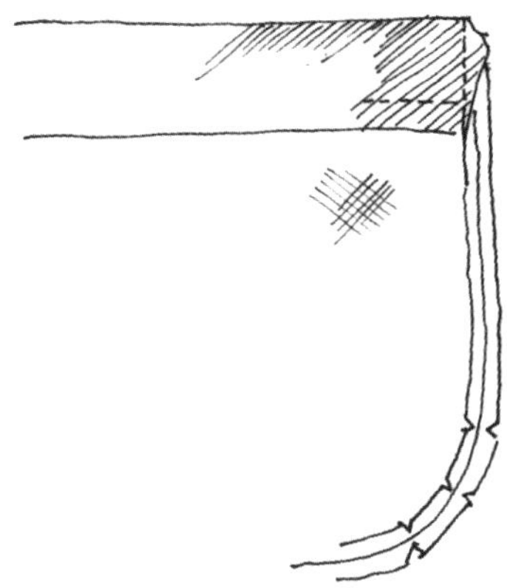

9. Bügeln Sie die Nahtzugabe des Innenfutters nach innen. Dadurch sitzt die Naht gut, wenn sie die Tasche auf rechts drehen.

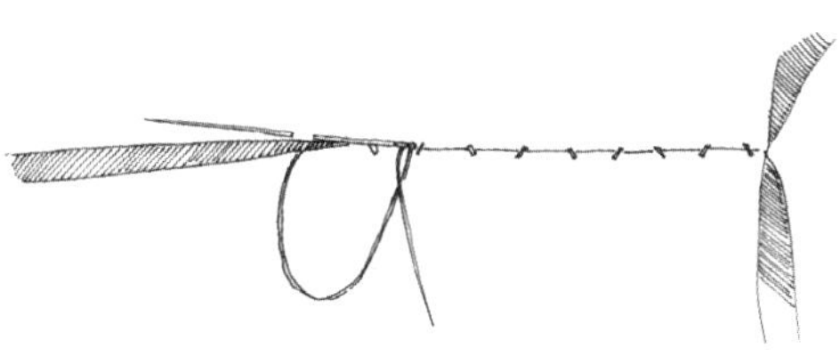

Blindstich ist fast unsichtbar. Nehmen Sie eine kurze Nadel und nähen Sie von rechts nach links. Führen Sie die Nadel knappkantig durch den Bruch. Machen Sie einen kleinen Stich genau gegenüber und führen Sie dann die Nadel erneut durch den Bruch, sodass sie ein klein wenig weiter vorn an der Kante herauskommt. Wiederholen Sie den Vorgang.

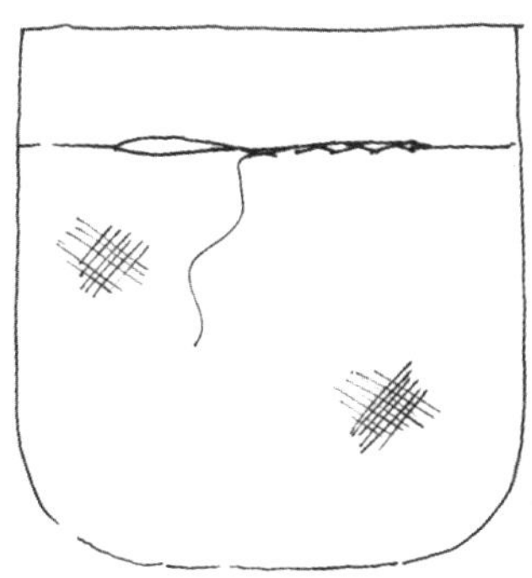

10. Wenden Sie die Tasche auf rechts, bügeln Sie sie und schließen Sie das Loch mit Blindstich.

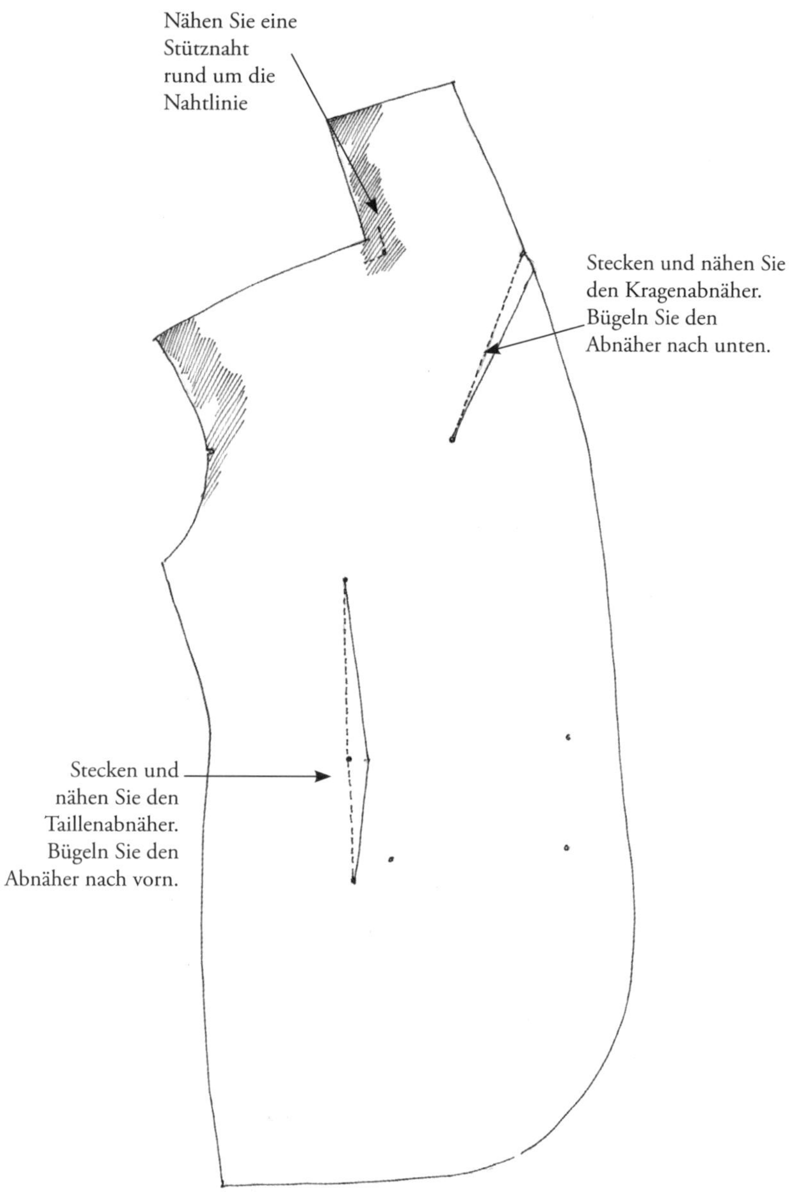

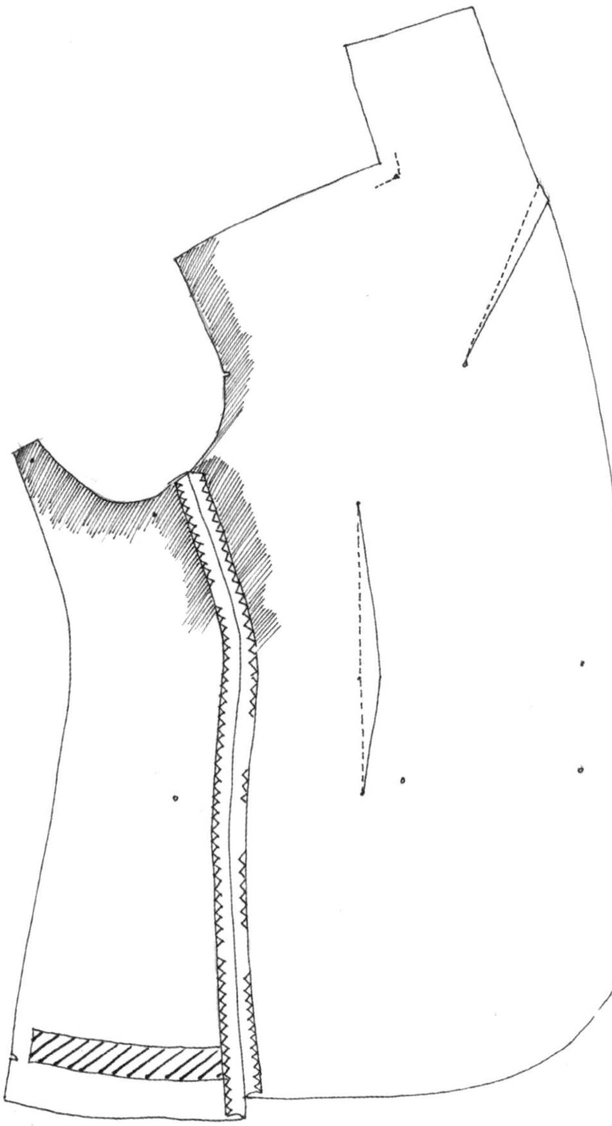

11. Bereiten Sie die Vorderteile vor. Steppen Sie eine Stütznaht rund um die Nahtlinie des Halsausschnitts wie in der Abbildung gezeigt und auf dem Muster eingezeichnet – steppen Sie mit Geradstich innerhalb der Nahtzugabe, dicht an der Nahtlinie, um die Ecke zu verstärken. Wenn Sie einen sehr offen gewebten Stoff verarbeiten, bringen Sie eine kleine, quadratische Bügeleinlage an, um diese Ecke noch weiter zu stabilisieren. Stecken Sie den Kragenabnäher ab und bringen Sie die Naht an. Bügeln Sie den Abnäher nach unten. Stecken Sie den Taillenabnäher ab und bringen Sie die Naht an. Bügeln Sie den Abnäher zur vorderen Kante hin.

12. Stecken Sie die Vorderteile rechts auf rechts an die Seitenteile und steppen Sie die Naht. Versäubern Sie die Nahtkanten mit einem Zickzack- oder Overlockstich und bügeln Sie die Naht auseinander.

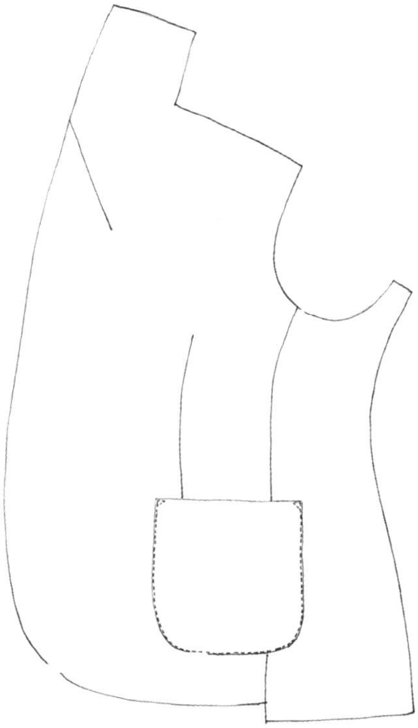

13. Arbeiten Sie von rechts weiter. Stecken Sie die Tasche auf den Positionslinien fest und heften Sie sie an (siehe Abbildung). Steppen Sie knappkantig rund um die Tasche und verstärken Sie die oberen Ecken. Wiederholen Sie die Schritte 11-13 für die andere Seite.

Abnäher und rückwärtige Naht am Halsausschnitt

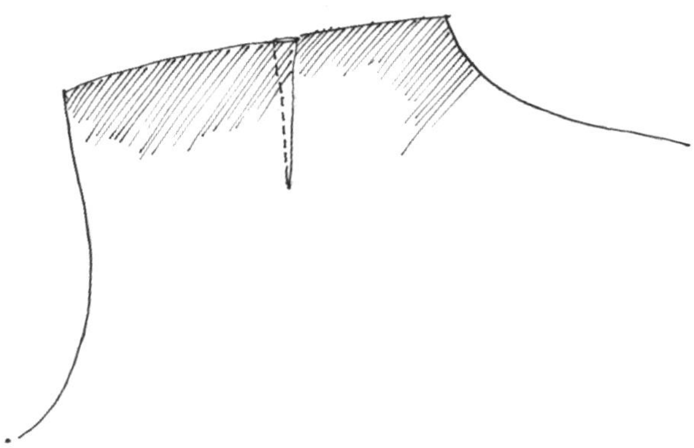

14. Stecken und nähen Sie die Abnäher an den rückwärtigen Schulternähten. Bügeln Sie die Abnäher Richtung Rückenmitte.

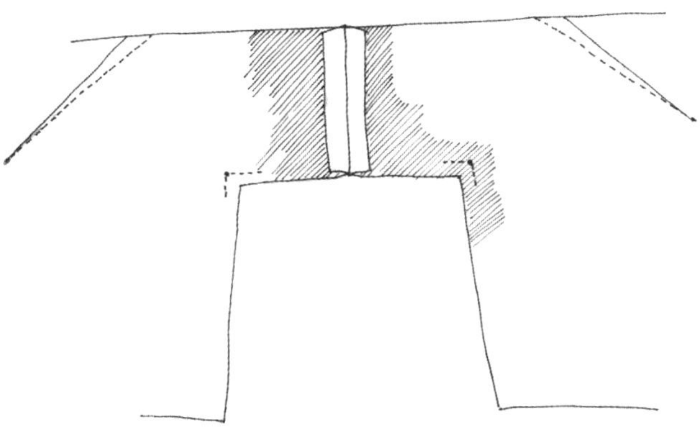

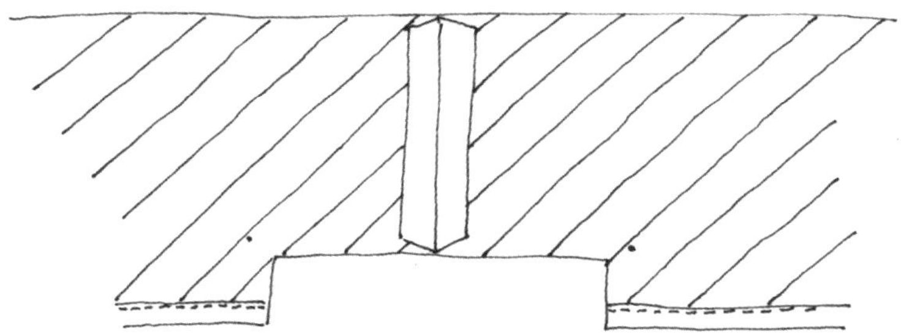

15. Stecken Sie die Vorderteile hinten am Halsausschnitt zusammen und steppen Sie die rückwärtige Naht. Bügeln Sie die Naht auseinander.

16. Stecken Sie die vorderen Besatzstücke rechts auf rechts an den hinteren Halsausschnitt und steppen Sie die Nähte. Wir werden diesen Bereich nun Kragen nennen. Bügeln Sie die Nähte auseinander.

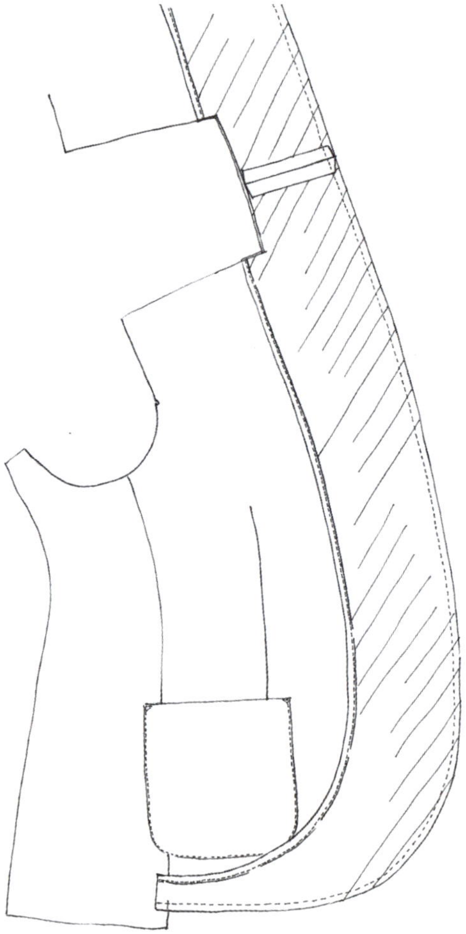

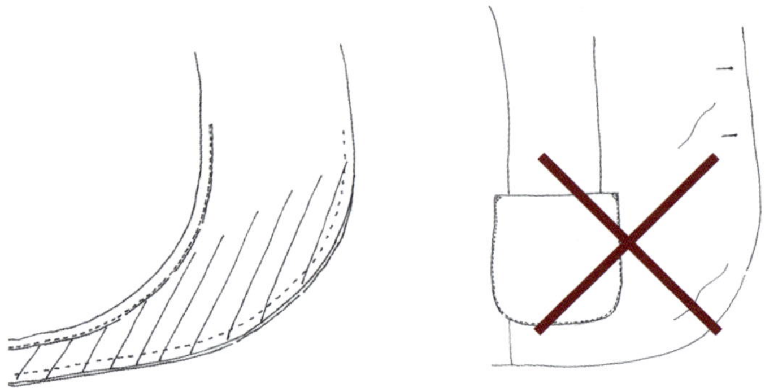

17. Stecken Sie den Kragen rechts auf rechts auf die Vorderseite der Jacke und steppen Sie die Nähte. Um zu verhindern, dass die Jacke sich ausbeult wie in der Abbildung oben dargestellt, müssen Sie den Kragen flach und gleichmäßig aufstecken: Richten Sie die Stoffteile aus und lösen Sie unebene Nähte in der Nahtzugabe, damit der Stoff sich wieder glätten kann, falls er sich beim Anbringen der Bügeleinlage und des Schrägbandes verzogen hat.

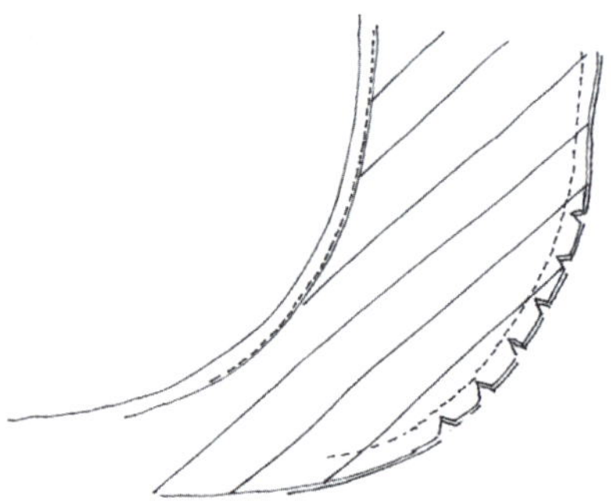

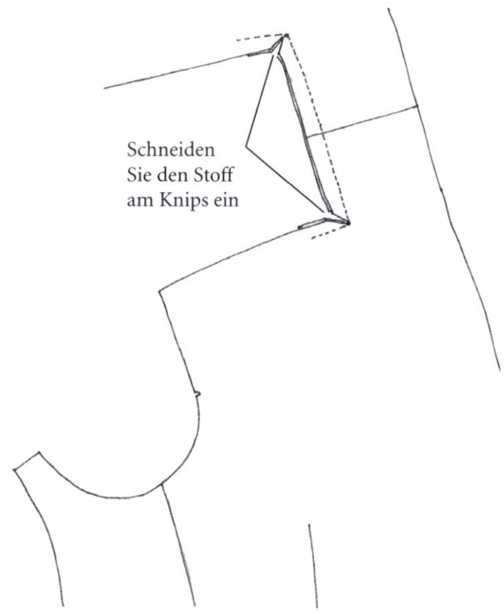

18. Beschneiden Sie die Nähte und knipsen Sie die Kurven ein. Wenden Sie das Kleidungsstück auf rechts und bügeln Sie es.

19. Arbeiten Sie auf der rechten Stoffseite, richten Sie den hinteren Halsausschnitt und die Schulterpartien des Kragens und der Vorderteile aus und nähen Sie die Teile knapp innerhalb der Nahtzugabe zusammen. Schneiden Sie den Stoff an den Knipsen ein.

Die Vorderseite an die Rückseite nähen

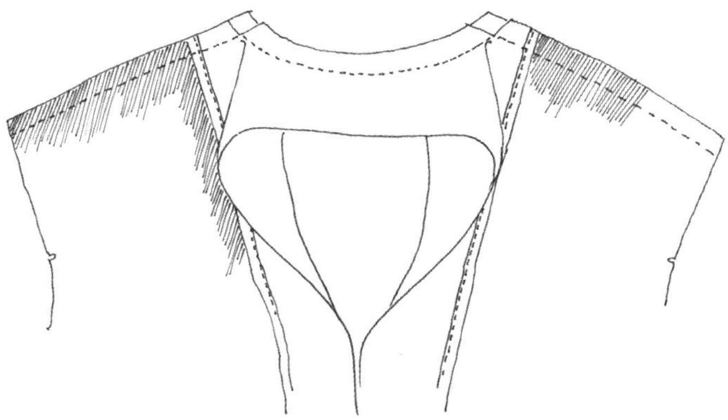

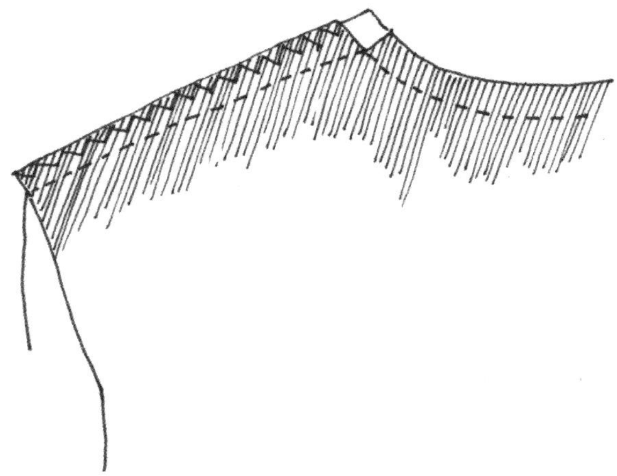

20. Stecken, heften und steppen Sie die Vorderteile an den Schultern und am hinteren Halsausschnitt an das Rückenteil.

21. Versäubern Sie die Kanten der Schulternähte mit einem Zickzack- oder Overlockstich.

Aufhänger

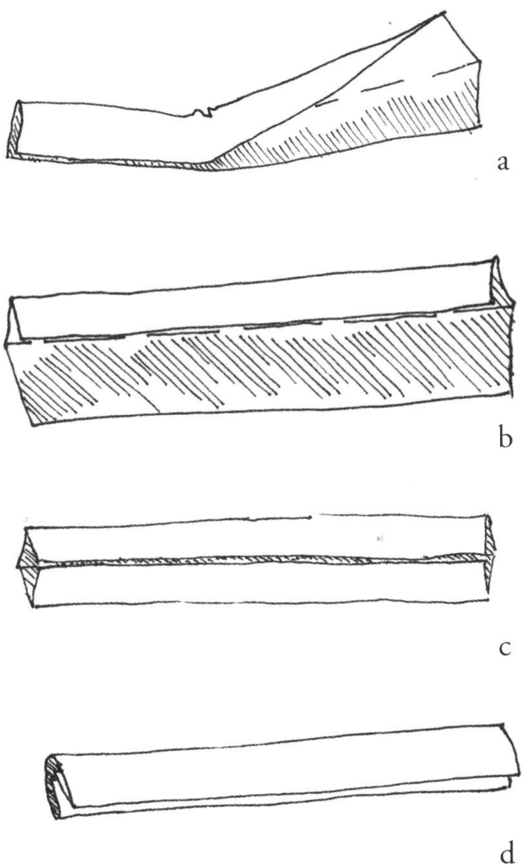

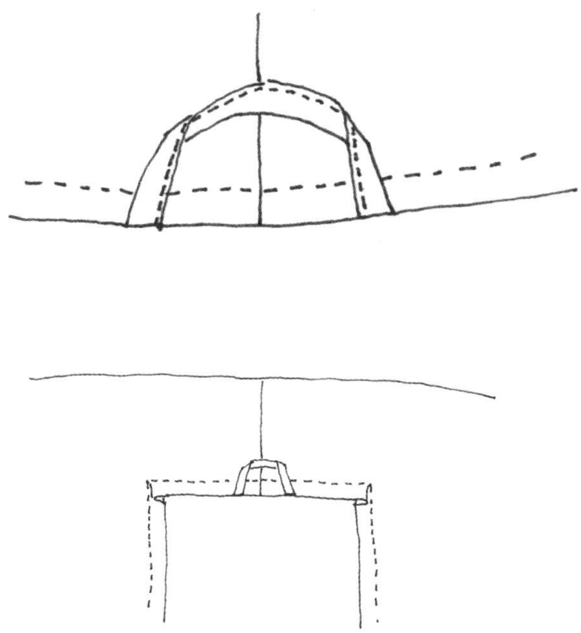

22. Stellen Sie den Aufhänger aus einem Rest des Schrägbandes her. Das Schrägband muss 6 cm lang sein. Falten Sie es, wie in der Abbildung gezeigt, und steppen Sie es dann an der offenen Seite durch.

23. Stecken Sie den Aufhänger auf die Mitte des Rückenteils wie in der Abbildung dargestellt und nähen Sie ihn an – die Enden sollten 3 cm voneinander entfernt sein.

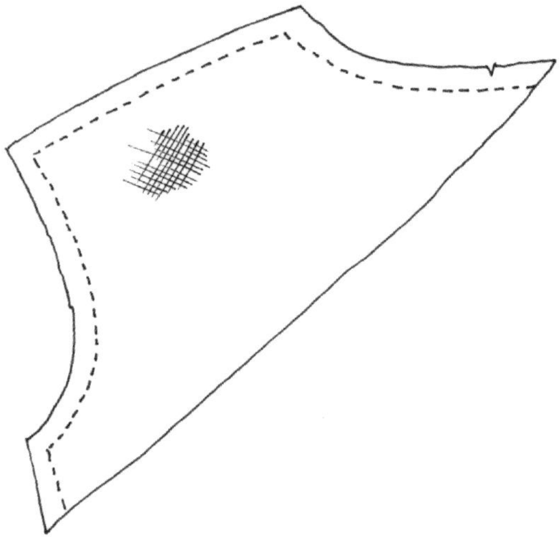

24. Falten Sie die beiden Innenfutterstücke für den Nackenbereich an der eingezeichneten Linie und steppen Sie sie innerhalb der Nahtzugabe um die Kante.

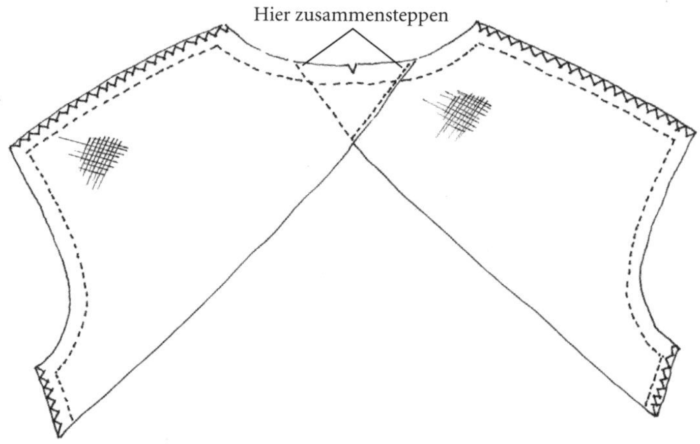

25. Lassen Sie die Innenfutterstücke so überlappen, dass die Knipse für die rückwärtige Mitte aufeinanderliegen, und steppen Sie sie fest. Versäubern Sie die Kanten der Schulter- und Seitennähte mit einem Zickzack- oder Overlockstich.

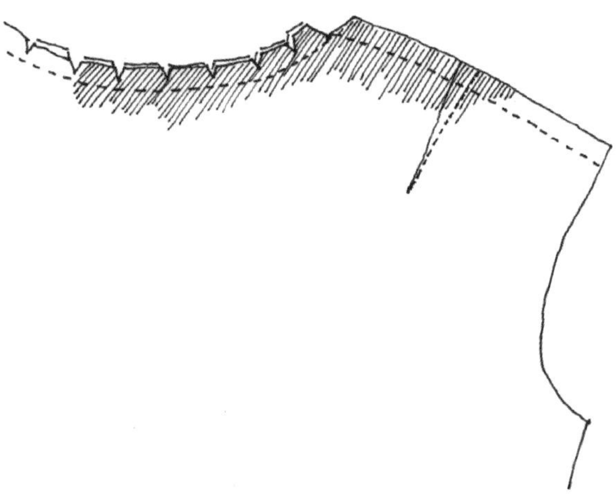

26. Schlagen Sie den Kragen nach innen um. Die linke Seite des Rückenteils zeigt zu Ihnen. Stecken Sie die Nacken- und Schulterpartie an das hintere Innenfutter und steppen Sie sie fest. Knipsen Sie den hinteren Halsausschnitt ein, beschneiden Sie die Naht und die Ecke.

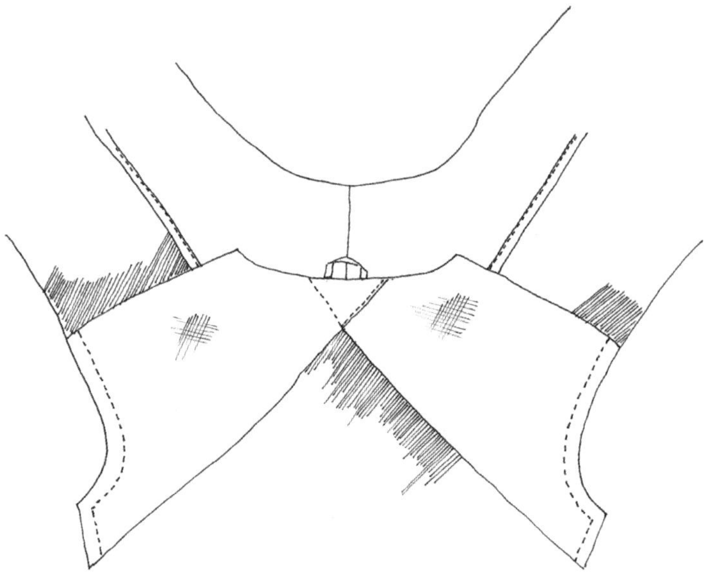

27. Klappen Sie das Innenfutter nach unten und bügeln Sie die Schulternähte und die Naht des Halsausschnitts.

28. Stecken Sie das Rückenteil an die beiden Seitenteile und steppen Sie die Nähte. Die Naht endet jeweils an dem eingezeichneten Punkt.

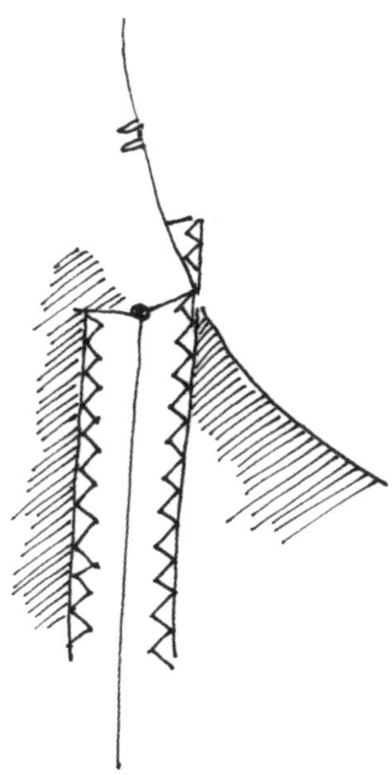

29. Schneiden Sie die Naht unterhalb des Punktes zurück, sodass Sie sie auseinanderbügeln können. Versäubern Sie die Kanten der Nahtzugabe mit einem Zickzack- oder Overlockstich und bügeln Sie die Naht auseinander.

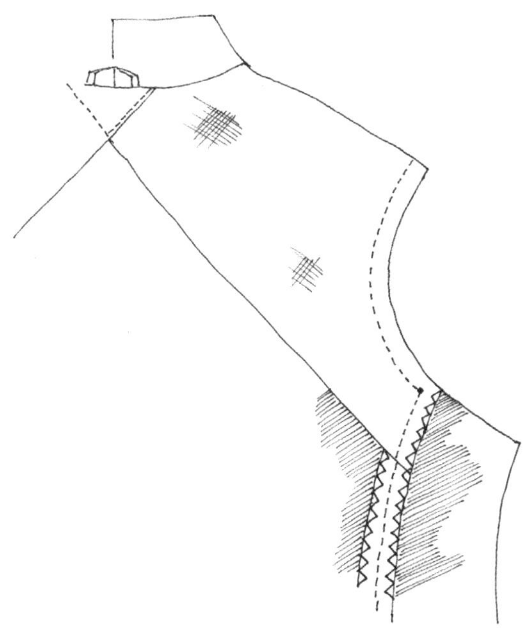

30. Arbeiten Sie vom Seitenteil aus und heften und steppen Sie das Innenfutter für den Nackenbereich an die Nahtzugabe. Steppen oder heften Sie den Besatz für den Nackenbereich an das hintere Armloch.

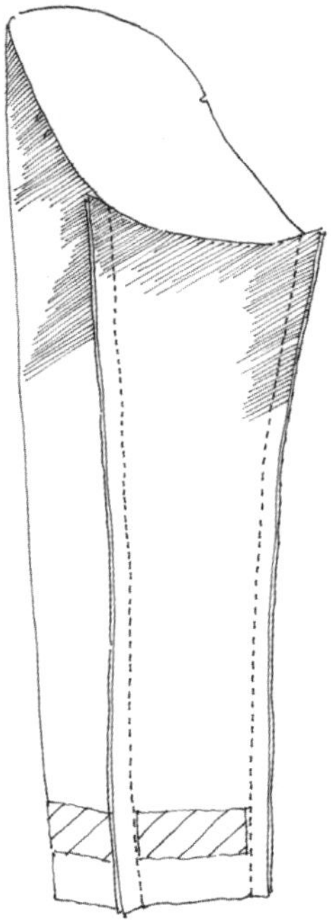

31. Oberen Ärmel an den unteren Ärmel feststecken und -steppen. Wiederholen Sie dies mit dem anderen Ärmel und beiden Ärmelinnenfuttern. Bügeln Sie die Nähte auseinander.

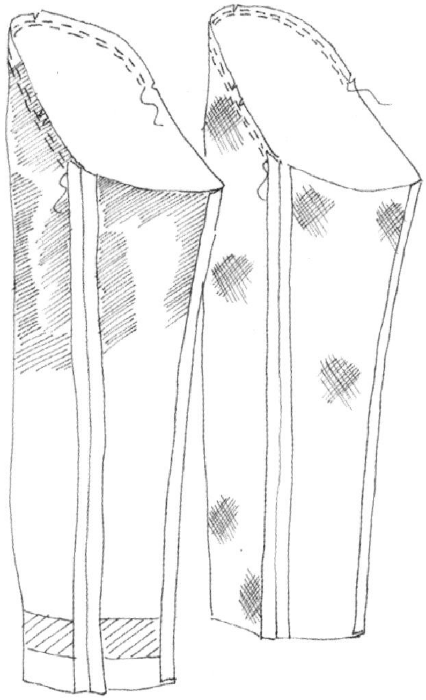

32. Stellen Sie den größten Stich an Ihrer Nähmaschine ein und steppen Sie an beiden Ärmeln und beiden Ärmelinnenfuttern zwei Nähte innerhalb der Nahtzugabe zwischen den Knipsen.

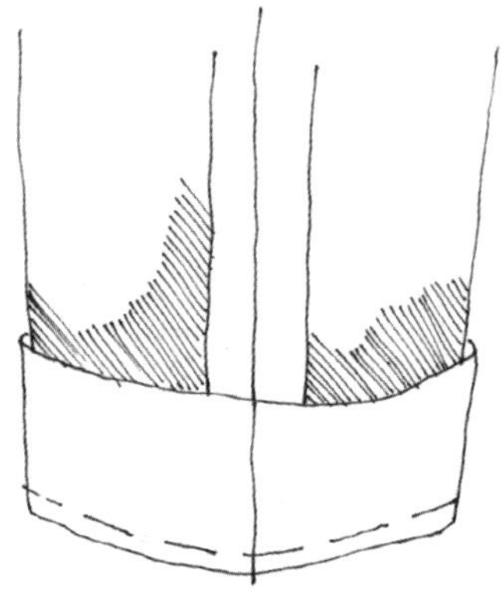

33. Stecken Sie den Ärmelsaum ab und heften Sie ihn knappkantig fest. Bügeln Sie die Kante.

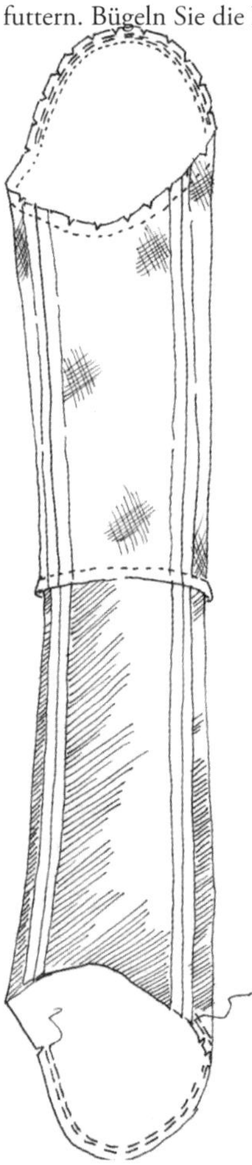

34. Stellen Sie sicher, dass Sie das richtige Ärmelinnenfutter gewählt haben (es muss genau spiegelbildlich zum Ärmel sein) und lassen Sie das Ärmelinnenfutter so in den Ärmel fallen, dass die rechten Stoffseiten aufeinanderliegen und die Nähte und Knipse genau übereinstimmen. Nähen Sie das Innenfutter 1 cm von der Kante der Saumzugabe entfernt an den Ärmel.

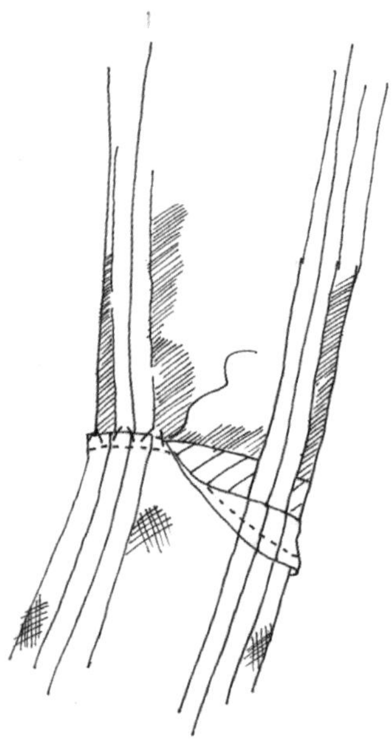

35. Nähen Sie den Ärmelsaum per Hand an der linken Seite des Jackenärmels fest.

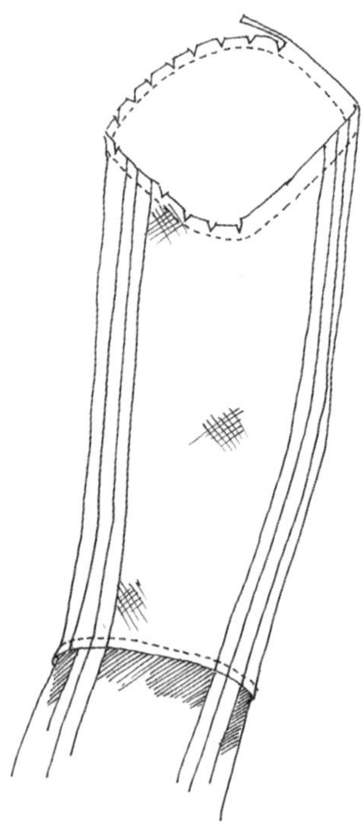

36. Steppen Sie die Nahtzugabe des Innenfutters durch, schneiden Sie die Naht auf 1 cm zurück und knipsen Sie die Kurven ein. (Dadurch lässt sich der Ärmel später leichter wieder auf rechts drehen.)

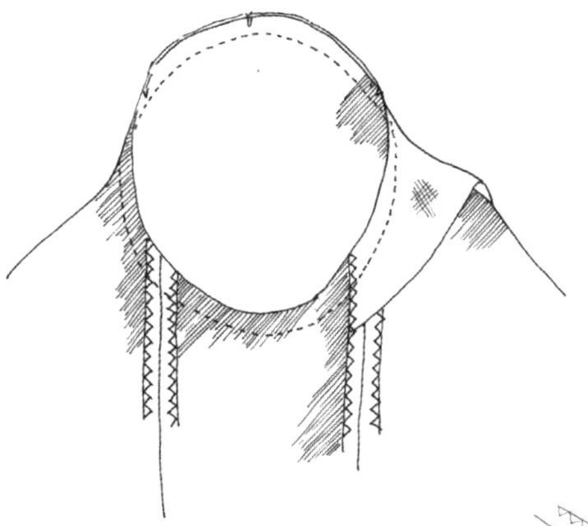

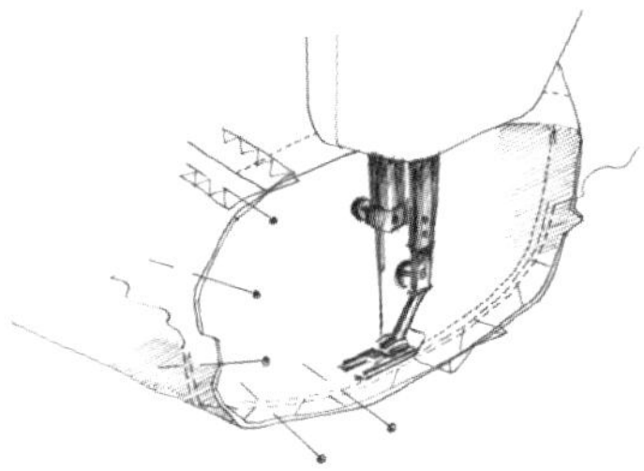

37. Das Innenfutter hängt frei nach unten. Lassen Sie nun den Ärmel in das Armloch fallen, sodass die rechten Stoffseiten aufeinanderliegen. Platzieren Sie die Knipse und Nähte genau übereinander und stecken Sie die Armkugel fest (wenn nötig, können Sie sie anheften). Nähen Sie den Ärmel ein.

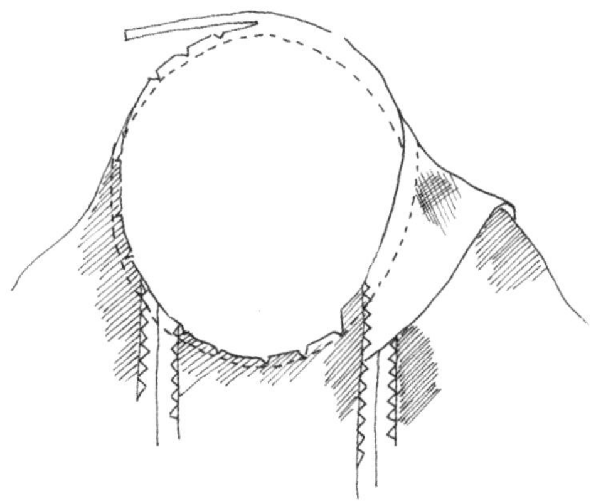

38. Beschneiden Sie die Nahtzugabe und knipsen Sie sie – auch im oberen Bereich der Armkugel – ein. (So sitzt der Ärmel besser, wenn Sie ihn wegen der überschnittenen Schultern nach unten bügeln.)

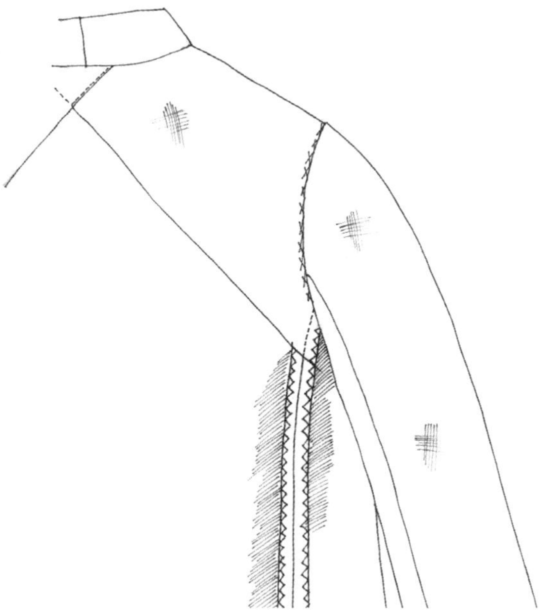

39. Ziehen Sie das Innenfutter wieder über den Jackenärmel. Die Nähte müssen dabei genau übereinanderliegen; schlagen Sie die Nahtzugabe des Ärmelfutters um und nähen Sie sie mit Blindstich an den Armausschnitt der Jacke.

Saum

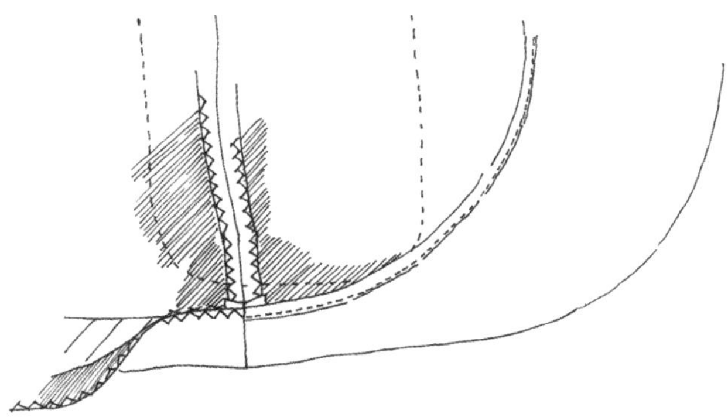

40. Versäubern sie den Saum mit einem Zickzack- oder Overlockstich. Steppen Sie den Saum an den vorderen Besatz, schlagen Sie den Rest des Saums an der Saumlinie ein und befestigen Sie ihn mit einem Saumstich.

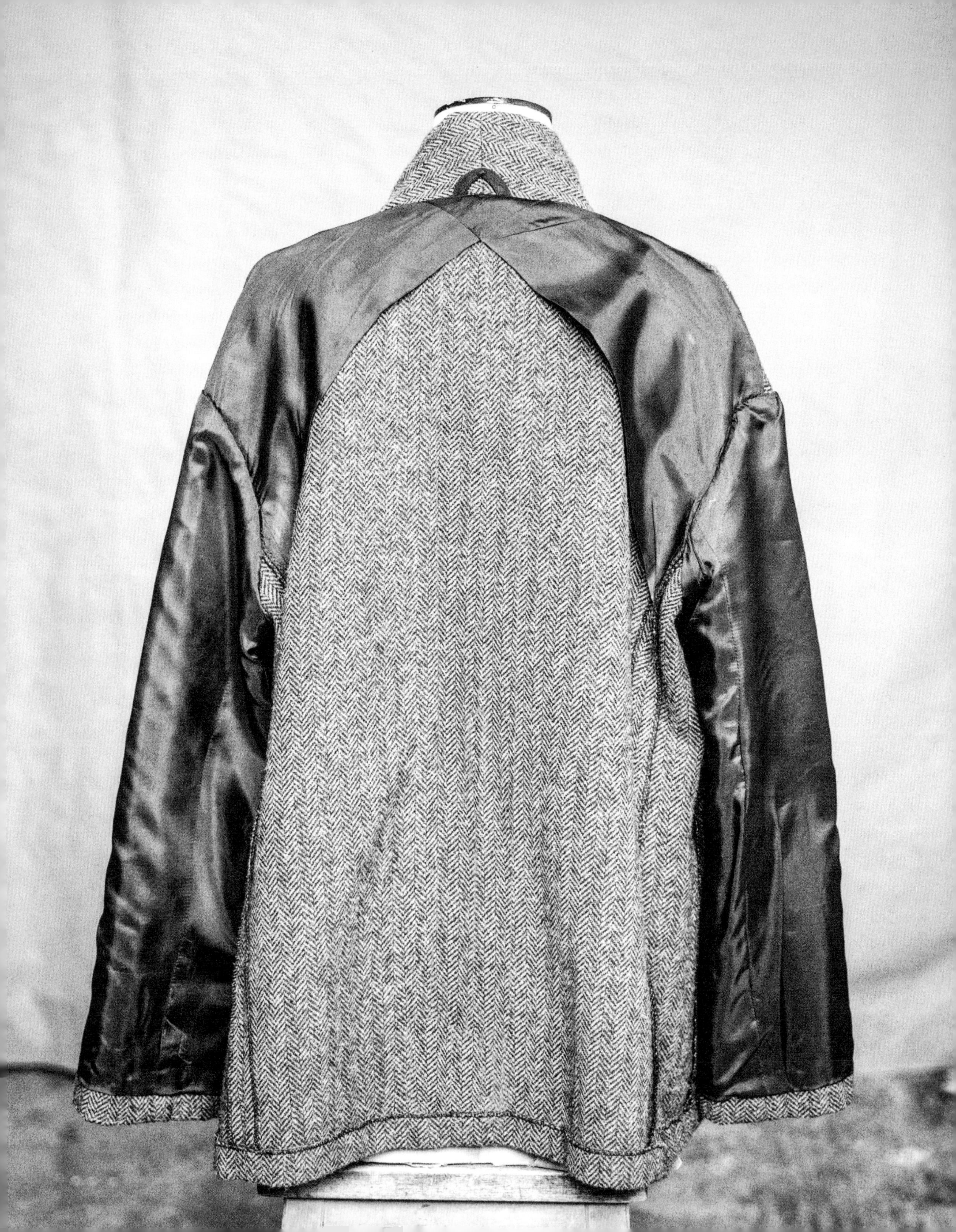

41. Arbeiten Sie an den im Schnittmuster markierten Stellen Knopflöcher in der richtigen Größe für Ihre Knöpfe ein. Die richtige Größe ermitteln Sie, indem Sie zum Durchmesser ihrer Knöpfe deren Stärke und zusätzlich 3 mm addieren.

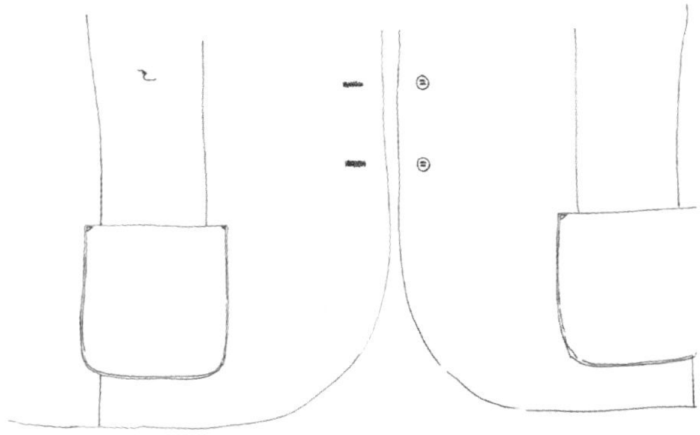

42. Knopflöcher, die Sie mit der Maschine nähen, werden später aufgeschnitten. Sichern Sie die Enden des Knopfloches mit zwei Nadeln, damit sie die Naht dort nicht durchtrennen. Verwenden Sie die scharfen Spitzen einer kleinen, robusten Schere, um den Stoff vorsichtig in der Mitte der beiden Riegelreihen zu durchtrennen und so die Knopflochöffnung zu schaffen.

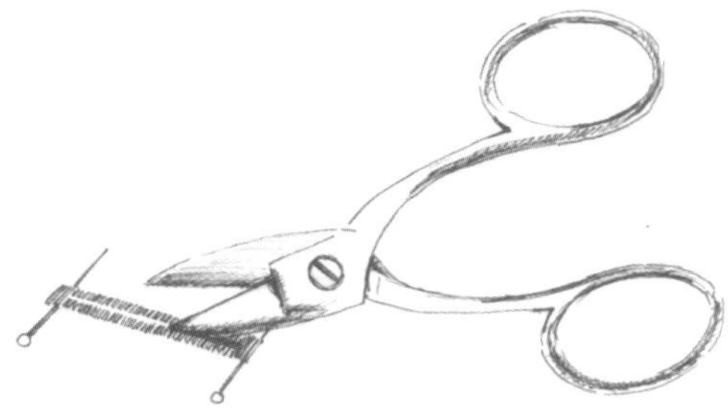

43. Nun ist die Jacke fast fertig. Markieren Sie als Nächstes die Position für die Knöpfe. Platzieren Sie die Vorderteile so, dass die Seite mit den Knopflöchern die andere überlappt. Stecken Sie nun jeweils 3 mm vom vorderen Ende entfernt Stecknadeln durch die Knopflöcher. Auf diese Weise ermitteln Sie die perfekte Position für die Knöpfe.

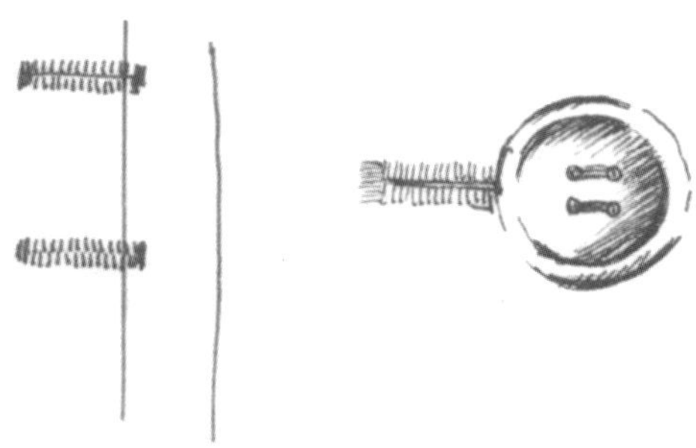

44. Die Knöpfe sollten mit einem Knopfstil angenäht werden, damit sich der Knopf durch dickeren Stoff schieben lässt und flach aufliegt. Nähen Sie den Faden an der markierten Position fest und führen Sie die Nadel dann durch eines der Löcher im Knopf. Legen Sie eine Stecknadel, eine Nadel oder einen Zahnstocher oben auf den Knopf, führen Sie den Faden darüber und dann durch ein anderes Loch wieder zurück. Nähen Sie so den Knopf mit ca. sechs Stichen durch jedes Lochpaar fest.

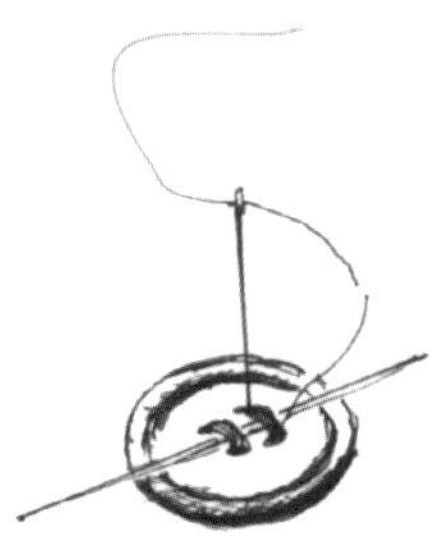

45. Ziehen Sie die Stecknadel, die Nadel oder den Zahnstocher heraus und ziehen Sie den Knopf nach oben, weg vom Stoff. Um einen Knopfstil zu schaffen, wickeln Sie den Faden eng um die Fäden zwischen dem Knopf und dem Jackenstoff. Vernähen Sie den Faden und führen Sie ihn noch einige Male durch den Knopfstil.

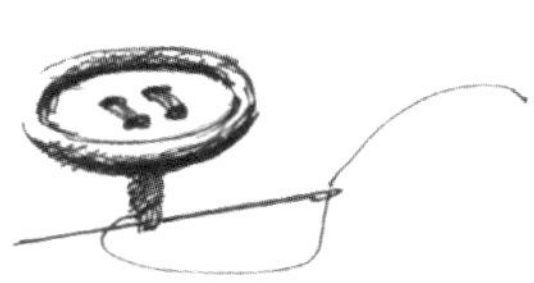

MODELL STRIDES

Mit seinem geraden Schnitt und den weiten Hosenbeinen ist das Modell Strides inspiriert von der klassischen Herrenmode. Wenn Sie die Schnittteile für die Hosenbeine kürzen, erhalten Sie schicke Shorts.

Machen Sie sich in diesen eleganten, zeitlosen Herrenhosen auf in die weite Welt, und nehmen Sie Ihren Platz Seite an Seite mit den großen Jungs ein. Mit einem Bund, der genau auf der Taille sitzt, und der weiten Beinform, die der Figur schmeichelt, eignet sich diese Hose hervorragend, um in einer Kunstgalerie eine elegante Erscheinung abzugeben oder die Promenade entlangzuschlendern. Die schräg angesetzten Seitentaschen, der Reißverschluss mit Schlitzleiste, die Bundfalten an der Vorderseite und die Gürtelschlaufen sind klassische Elemente einer Herrenhose. Wir haben diese Hose aus grauem Leinen geschneidert, um sie mit der Haremere-Jacke zu kombinieren. Außerdem haben wir ein Exemplar aus feiner britischer Wolle angefertigt.

Für milde Sommertage haben wir die Schnittteile gekürzt und elegante Shorts kreiert, die immer noch alle klassischen Merkmale aufweisen – Bund, Bundfalten an der Vorderseite, Reißverschluss mit Schlitzleiste und schräge Seitentaschen. Wir haben diese Shorts aus 8oz Denim und aus grauem Leinen genäht. Ein weiteres Paar aus schwarzem Leinen haben wir mit einem Petersham-Band versehen, das an den Zierstreifen der klassischen Smokinghose erinnert.

Dieses Modell ist vermutlich das komplexeste im ganzen Buch, doch wenn Sie die Strides-Hosen und Strides-Shorts erst einmal fertiggestellt haben, werden Sie höchst zufrieden sein. Machen Sie sich bitte mit den Anweisungen für die einzelnen Techniken vertraut, denn das Vorgehen ist hier etwas anders als bei den anderen Modellen.

STRIDES-
HOSE

Schnittmuster

Die Hose besteht aus acht Schnittteilen:

Bund | Schlitzleiste | Vorderseite | Rückseite | Taschenbesatz | Gürtelschlaufen | 2 x Innenfutter für die Taschen

Die Schnittteile müssen von den Musterbögen K & L übertragen werden.

Sämtliche Naht- und Saumzugaben sind in den Schnittmustern enthalten

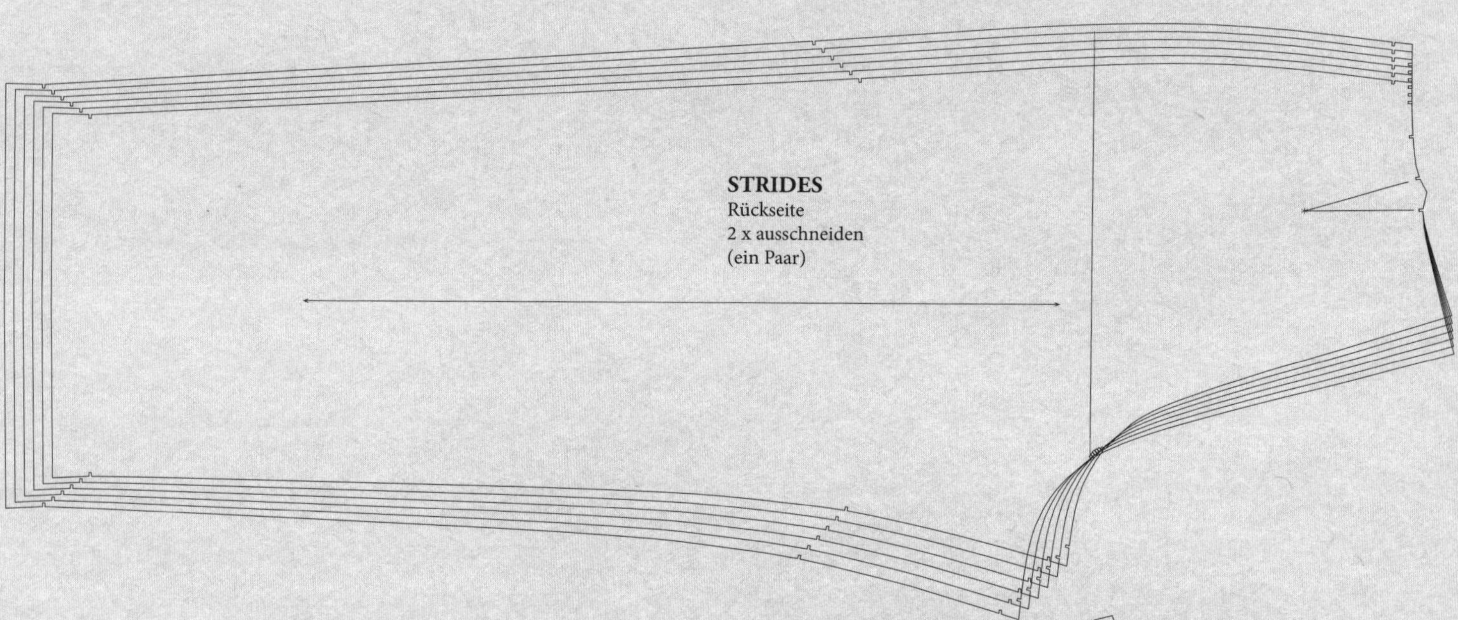

STRIDES-
SHORTS

Schnittmuster

Die Shorts bestehen aus acht Schnittteilen:
Bund | Schlitzleiste | Vorderseite | Rückseite | Taschenbesatz | Gürtelschlaufen | 2 x Innenfutter für die Taschen
Verwenden Sie die Schnittteile für die Strides-Hose und kürzen Sie die Vorderseite und die Rückseite wie auf Seite 137 erläutert.

STRIDES
Gürtelschlaufen
5 x ausschneiden

STRIDES
Innenfutter
2 x ausschneiden (ein Paar)

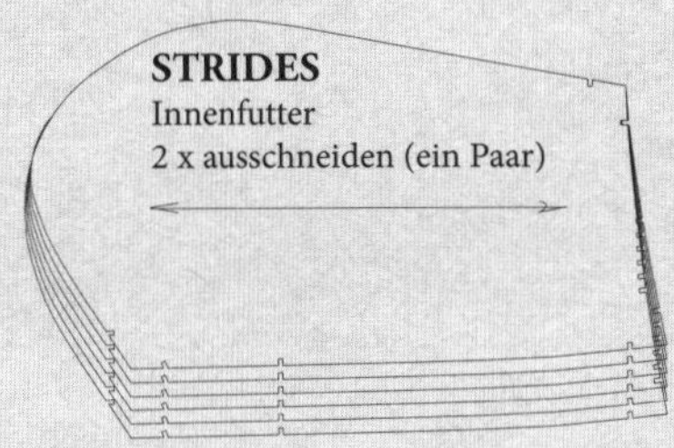

STRIDES
Rückseite Taschenbeutel
2 x ausschneiden
(ein Paar)

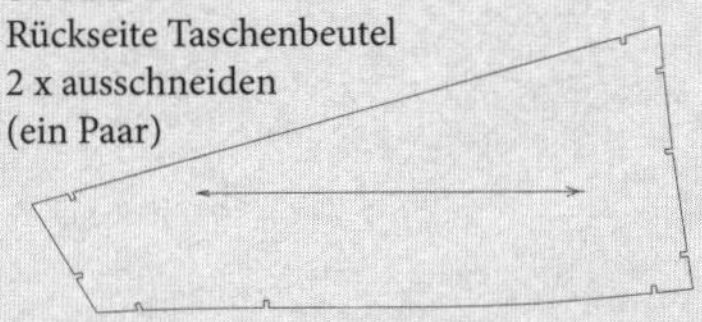

STRIDES
Taschenfutter
2 x ausschneiden (ein Paar)

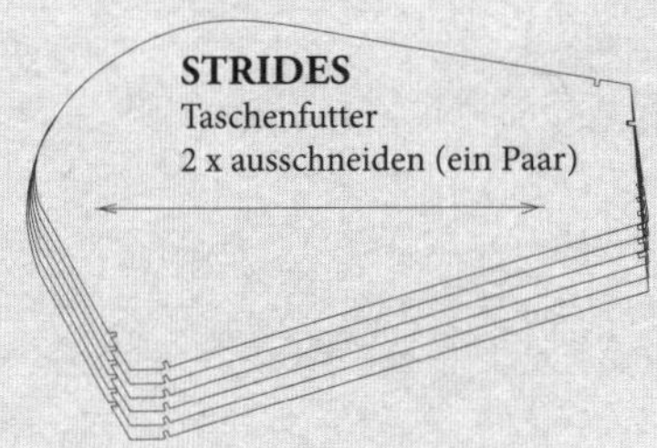

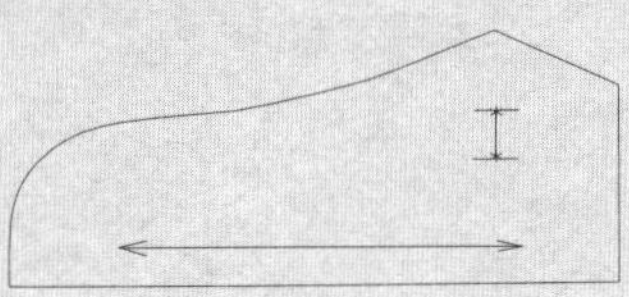

STRIDES
Schlitzleiste
1x ausschneiden, rechte Seite oben
1x ausschneiden, Innenfutter, linke Seite oben

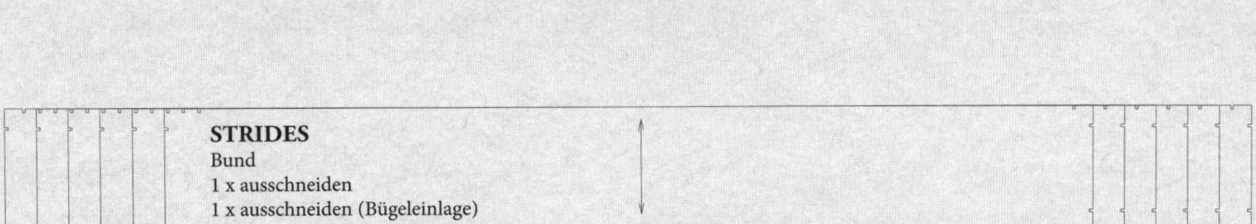

STRIDES
Bund
1 x ausschneiden
1 x ausschneiden (Bügeleinlage)

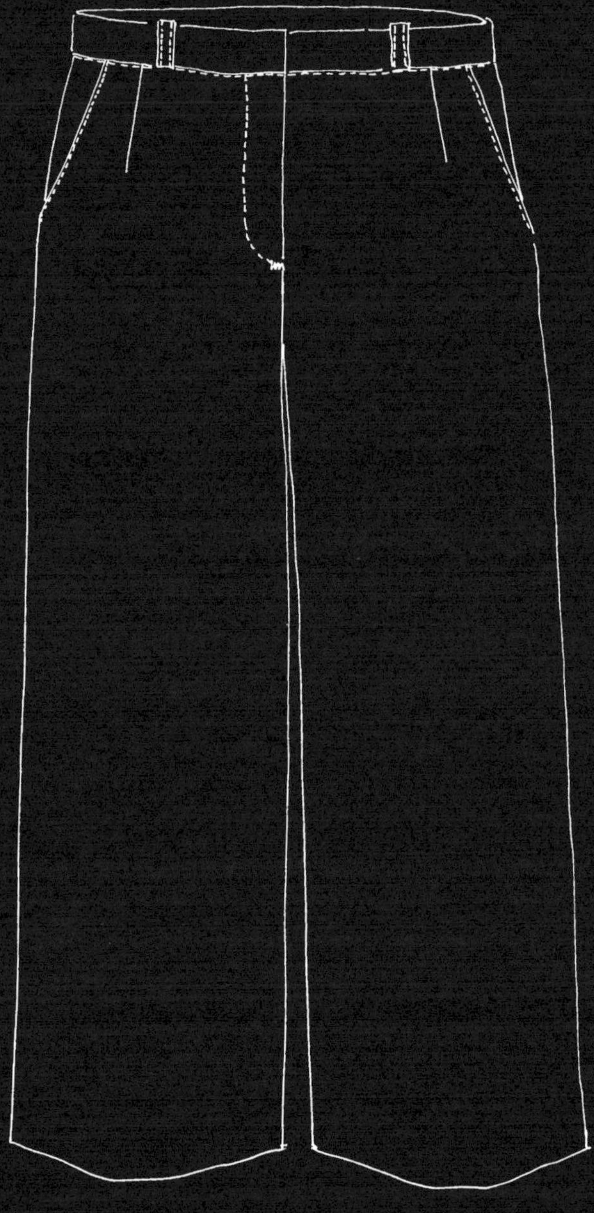

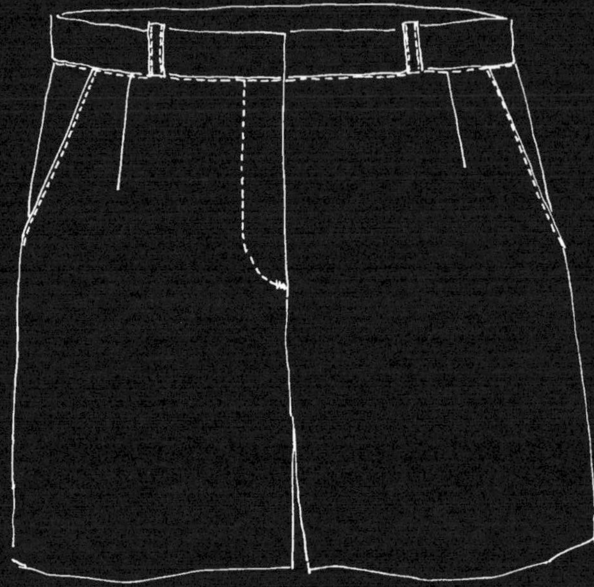

Stoffmengen

Strides-Hose

Größe	140 cm breit	120 cm breit	Futter	Bügeleinlage
8	2,20 m	2,40 m	0,25 m	0,25 m
10	2,20 m	2,40 m	0,25 m	0,25 m
12	2,25 m	2,50 m	0,25 m	0,25 m
14	2,25 m	2,50 m	0,25 m	0,25 m
16	2,40 m	2,60 m	0,25 m	0,25 m
18	2,40 m	2,60 m	0,25 m	0,25 m

Strides-Shorts

Größe	140 cm breit	120 cm breit	Futter	Bügeleinlage
8	1.20 m	1.40 m	0.25 m	0.25 m
10	1.20 m	1.40 m	0.25 m	0.25 m
12	1.25 m	1.50 m	0.25 m	0.25 m
14	1.25 m	1.50 m	0.25 m	0.25 m
16	1.40 m	1.60 m	0.25 m	0.25 m
18	1.40 m	1.60 m	0.25 m	0.25 m

Kurzwaren für beide Varianten: Reißverschluss 18 cm; Haken und Öse; flacher Knopf 15 mm; passendes Nähgarn

Maße (cm)

Strides-Hose	**8**	**10**	**12**	**14**	**16**	**18**
innere Beinlänge	79,5	79,5	79,5	79,5	79,5	79,5
Taillenumfang	69	74	79	84	89	94
Hüftumfang	105	110	115	120	125	130

STRIDES

Zuschneidepläne
für beide Varianten

Hose: 140 cm breiter Stoff

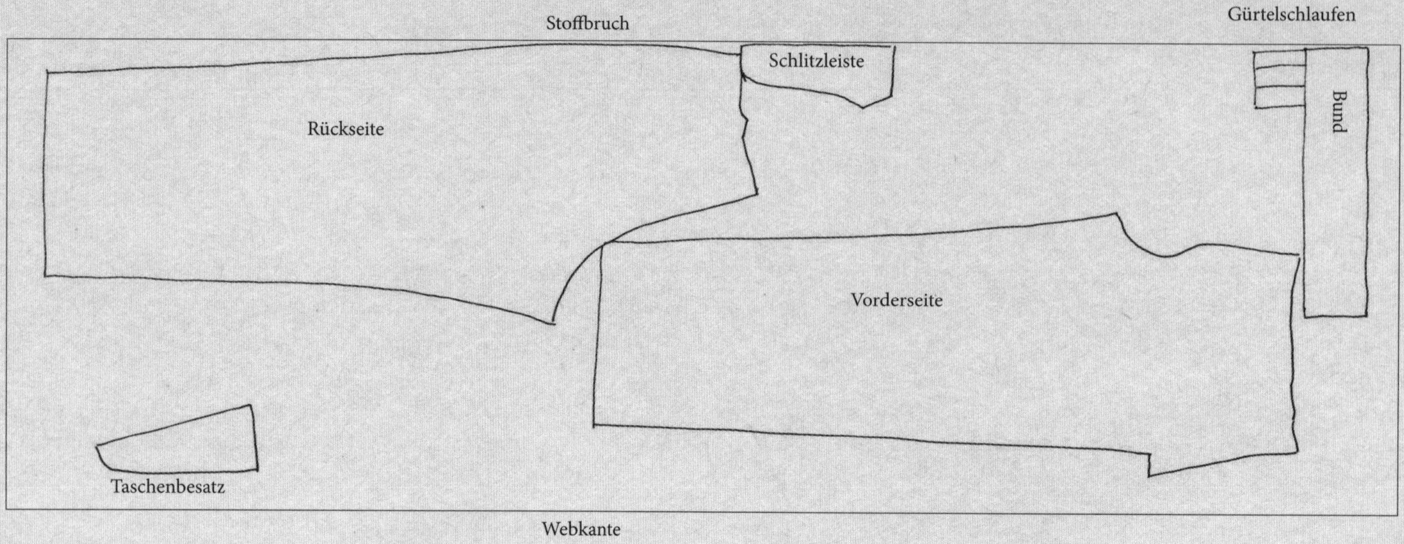

Hose: 120 cm breiter Stoff

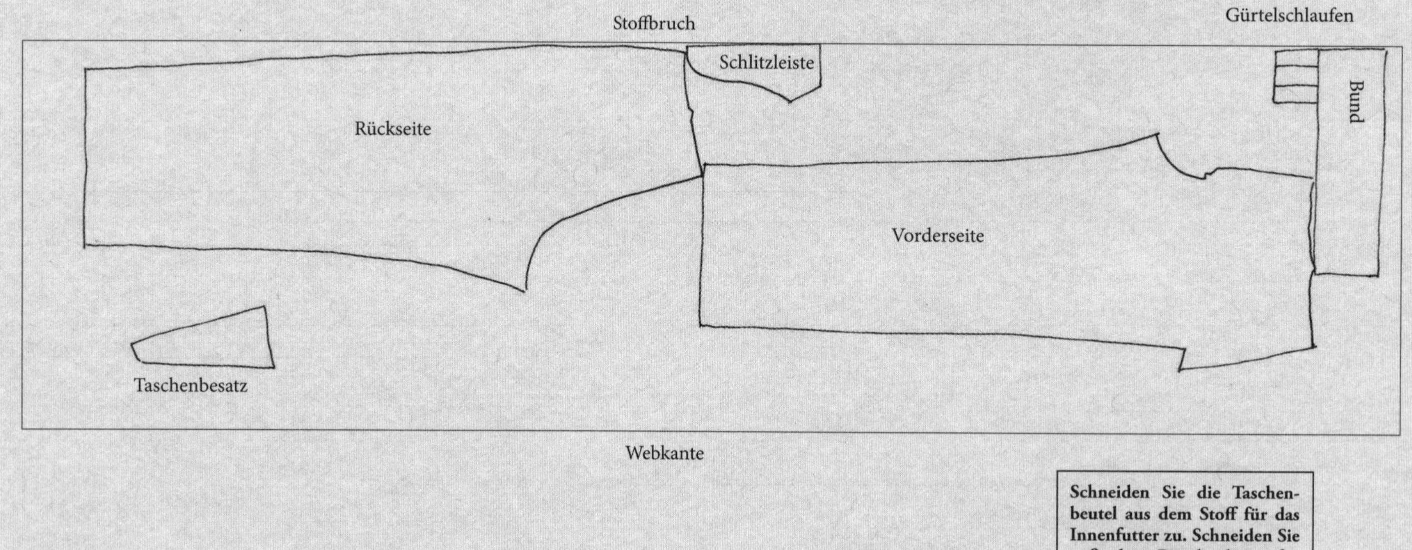

Schneiden Sie die Taschenbeutel aus dem Stoff für das Innenfutter zu. Schneiden Sie außerdem Bügeleinlagen für Bund und Schlitzleiste zu.

Shorts: 140 cm breiter Stoff

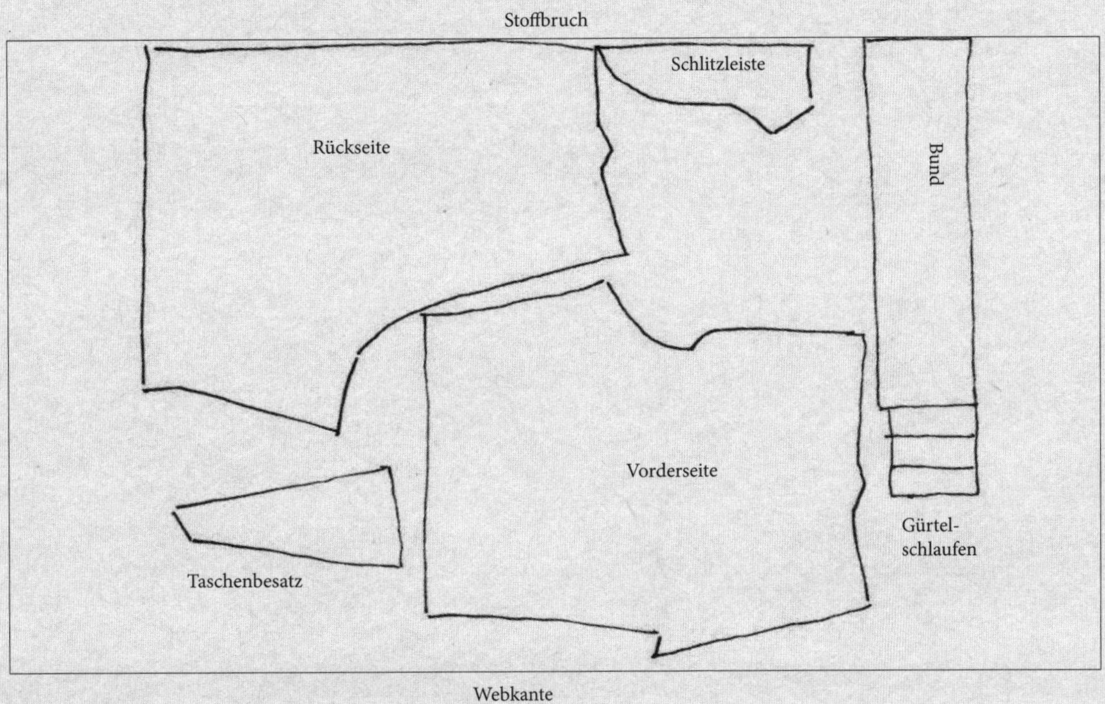

Shorts: 120 cm breiter Stoff

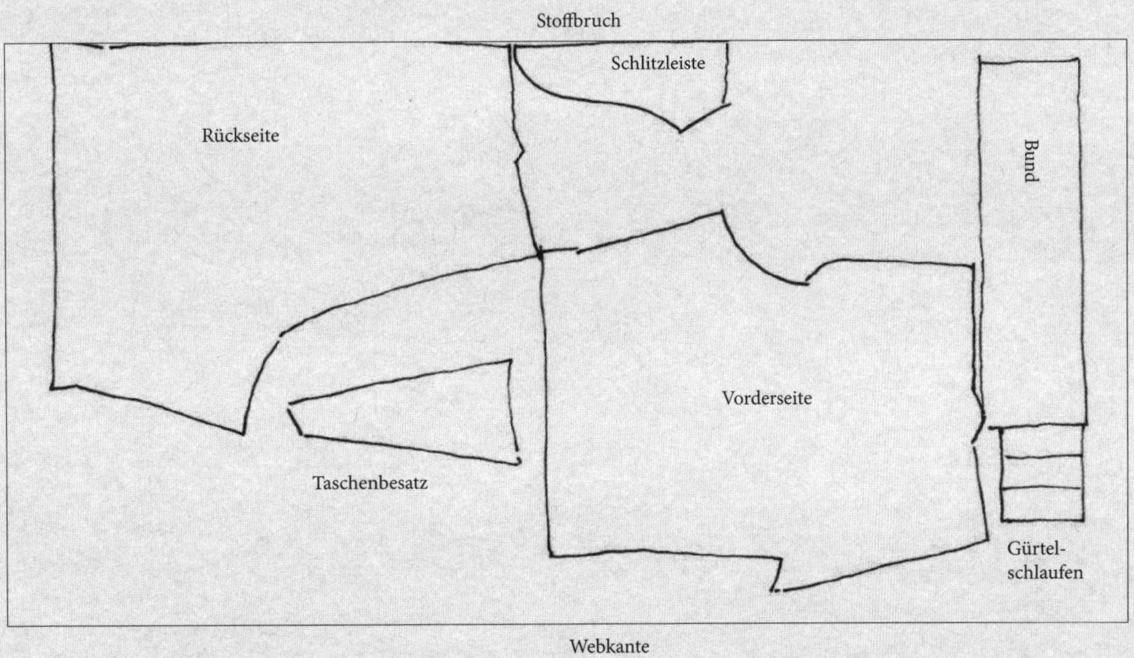

STRIDES-HOSE

Nähanleitung

Abnäher hinten und Bundfalten vorn

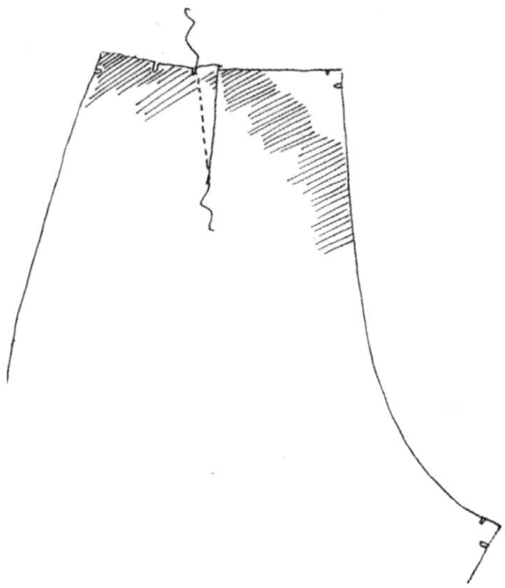

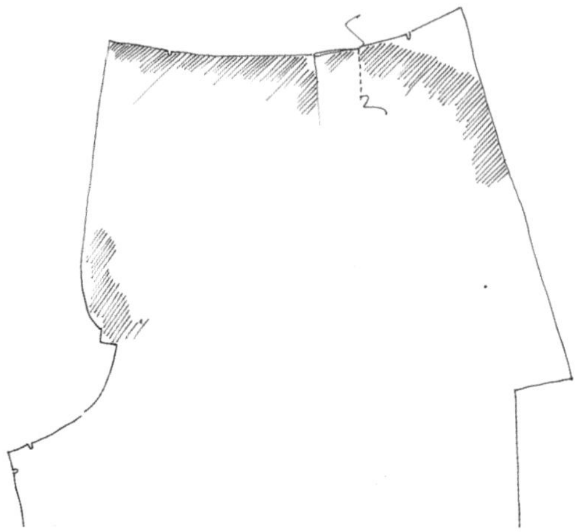

1. Stecken und nähen Sie rechts auf rechts die Abnäher auf der Rückseite. Die Knipse müssen genau aufeinanderliegen. Bügeln Sie die Abnäher zur Mitte der Rückseite.

2. Stecken Sie rechts auf rechts die Bundfalten auf der Vorderseite ab und steppen Sie sie fest. Die Knipse müssen genau aufeinanderliegen. Bügeln Sie die Bundfalten zur Mitte der Vorderseite.

Vordertaschen

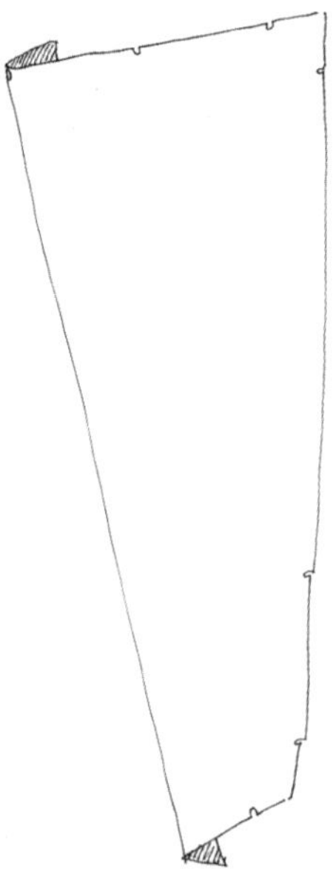

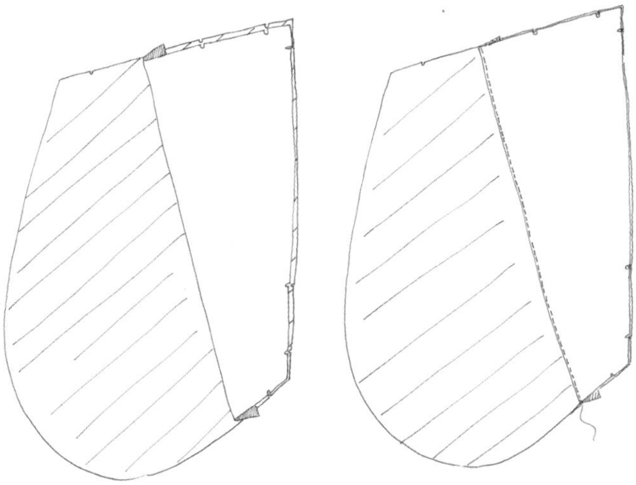

3. Falten Sie die Nahtzugabe des Taschenbesatzes zur linken Stoffseite hin und bügeln Sie sie.

4. Legen Sie den Taschenbesatz so auf das untere Taschenfutter, dass die Knipse genau übereinstimmen, und nähen Sie die Stoffteile entlang der gefalteten Nahtzugabe knappkantig zusammen.

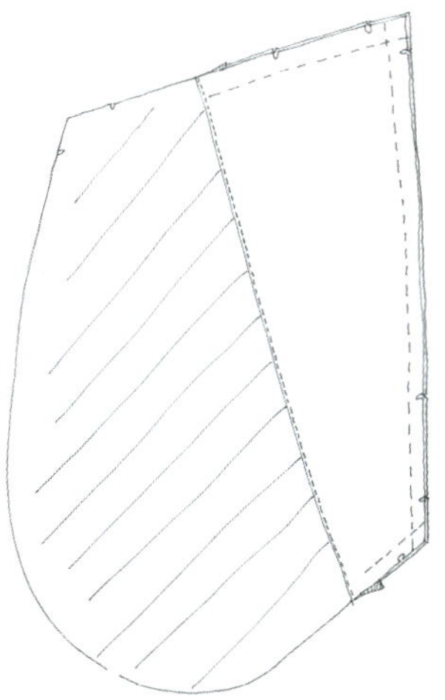

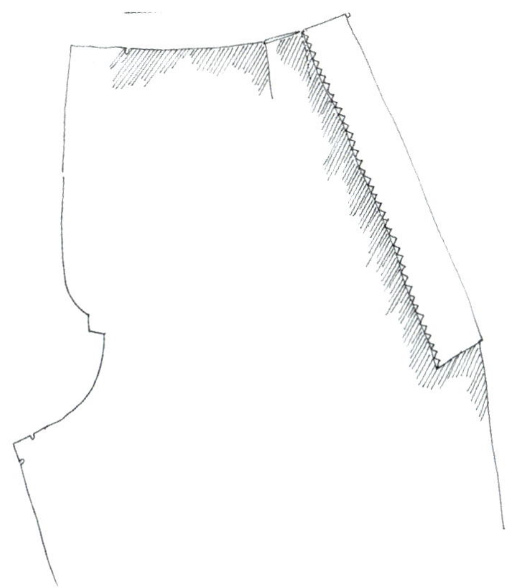

5. Steppen Sie an der Oberkante und an der Seite **innerhalb** der Nahtzugabe um den Taschenbesatz. Legen Sie die Tasche beiseite.

6. Arbeiten Sie an der Vorderseite der Hose weiter. Versäubern Sie die Kante des Taschenbesatzes mit einem Zickzack- oder Overlockstich; falten Sie sie nach innen (zur linken Stoffseite des Kleidungsstücks) und bügeln Sie sie.

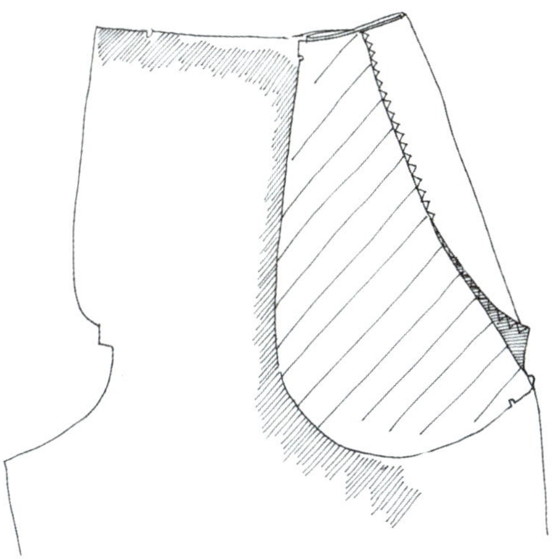

7. Das Tascheninnenfutter unter die nach innen umgeschlagene Kante des Taschenbesatzes legen. Stecken Sie nur das Futter und den Besatz aneinander und klappen Sie das Futter nach außen, um 5 mm von der versäuberten Kante des Taschenbesatzes eine Naht zu steppen.

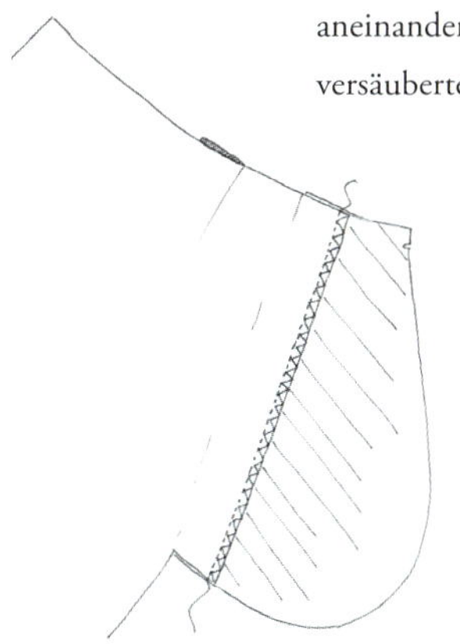

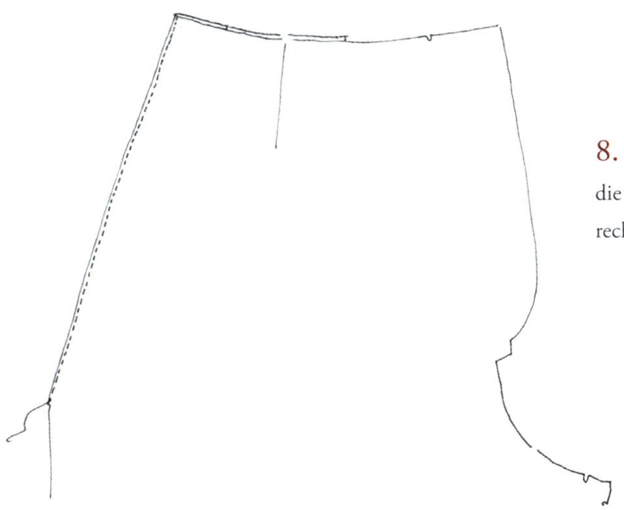

8. Schlagen Sie das Tascheninnenfutter wieder nach innen um (auf die linke Seite des Kleidungsstücks), wenden Sie das Kleidungsstück auf rechts und steppen Sie die Kante des Besatzes ab.

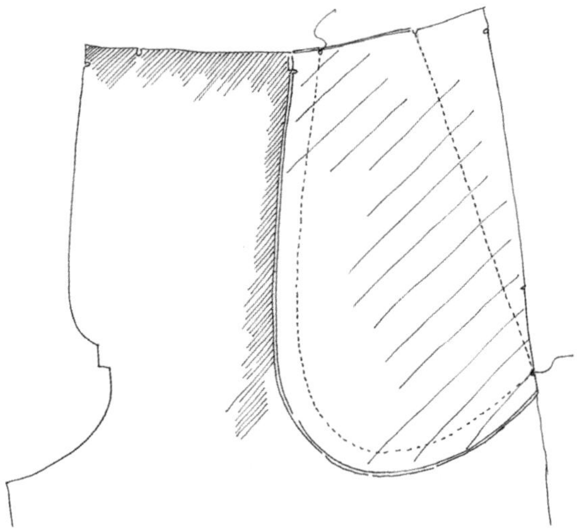

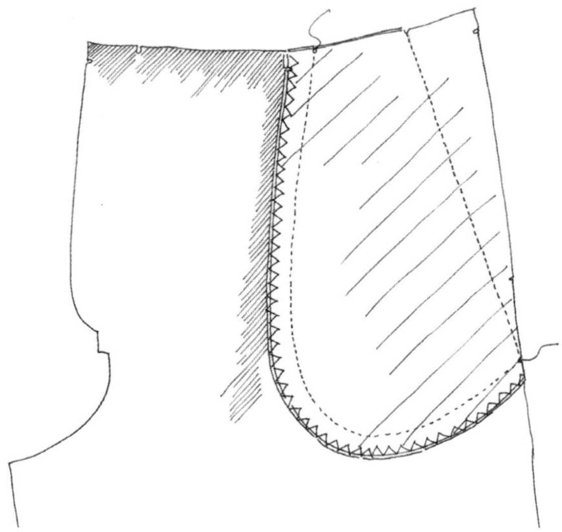

9. Wenden Sie das Kleidungsstück auf links, nehmen Sie die in Schritt 5 vorbereitete Tasche, legen Sie die beiden Hälften des Tascheninnenfutters rechts auf rechts aufeinander und stecken Sie sie zusammen. Steppen Sie rund um den Taschenbeutel.

10. Versäubern Sie den Taschenrand, indem Sie mit Zickzack- oder Overlockstich die Nahtkanten zusammennähen.

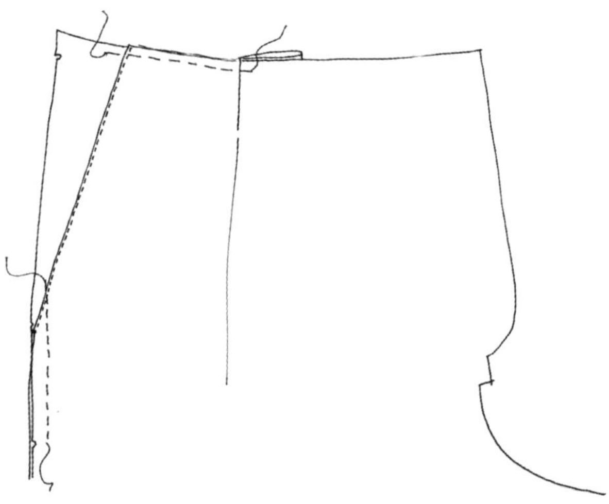

Ansicht von der rechten Stoffseite

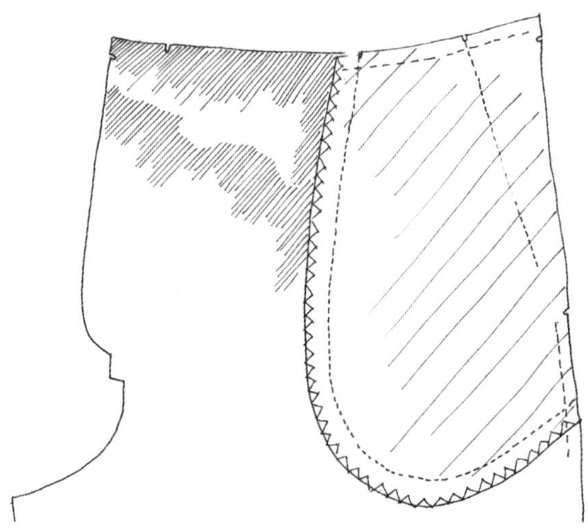

Ansicht von der linken Stoffseite

11. Befestigen Sie die Tasche, indem Sie oben und an den Seiten innerhalb der Nahtzugabe Nähte anbringen. Wiederholen Sie die Schritte 3-11, um die andere Tasche fertigzustellen.

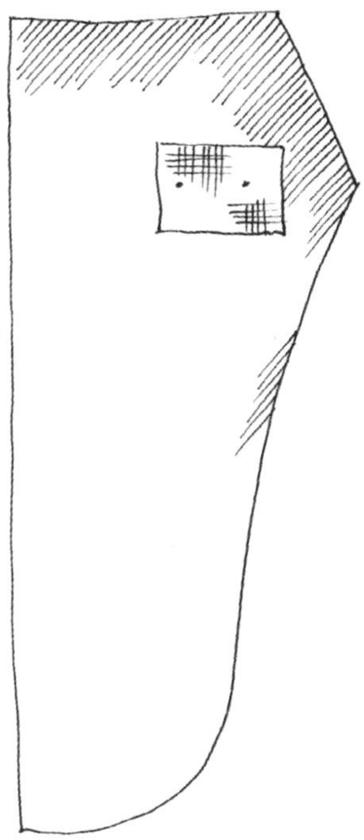

12. Verstärken Sie die Stelle der Schlitzleiste, an der Sie das Knopfloch einarbeiten werden, mit einer kleinen, quadratischen Bügeleinlage.

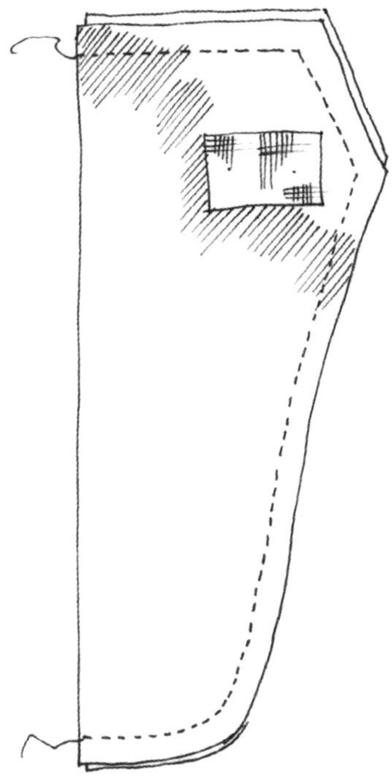

13. Legen Sie das Stoffstück für die Schlitzleiste rechts auf rechts auf das Innenfutter, stecken Sie beides zusammen und steppen Sie auf drei Seiten Nähte wie abgebildet.

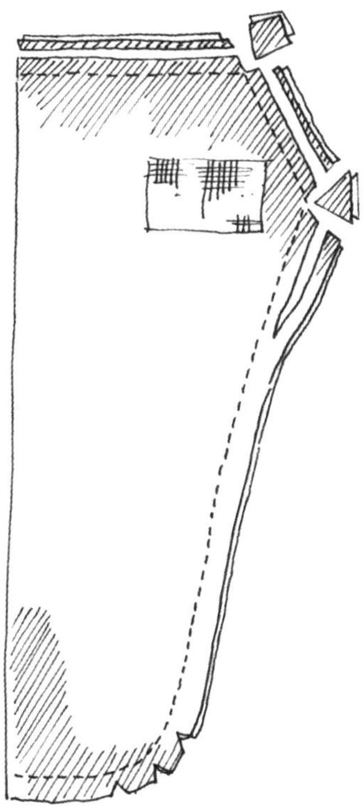

14. Beschneiden Sie die Nähte und knipsen Sie die Kurven ein wie abgebildet. Wenden Sie dann die Schlitzleiste auf rechts und bügeln Sie sie.

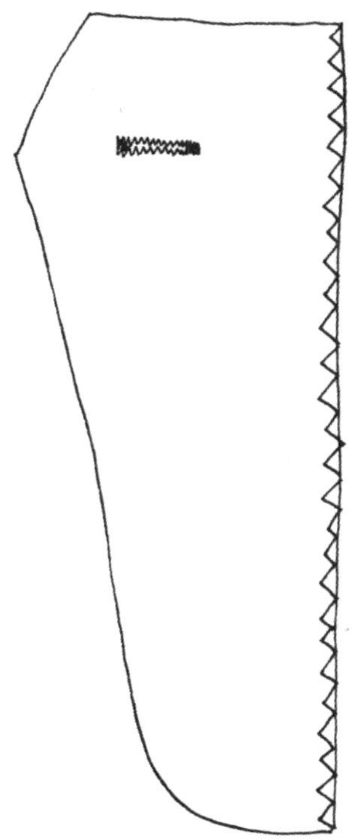

15. Orientieren Sie sich an der Markierung für das Knopfloch (siehe Schnittmuster) und nähen Sie das Knopfloch mit der Maschine. Versäubern Sie die offene Kante mit einem Zickzack- oder Overlockstich.

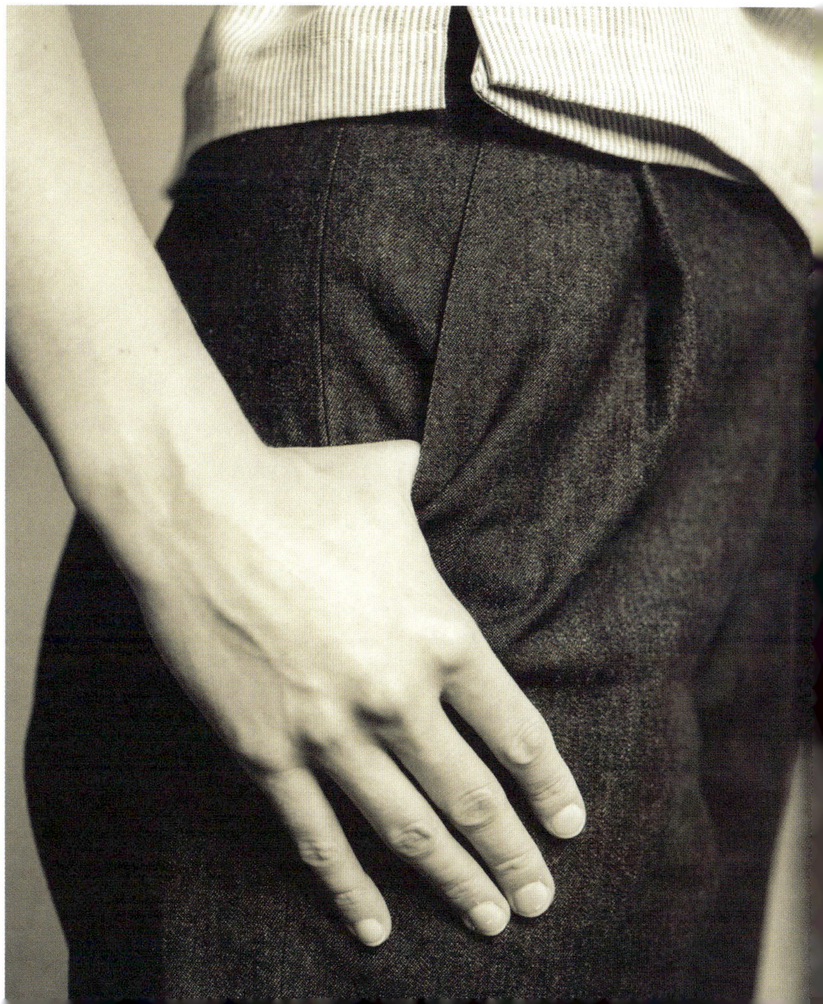

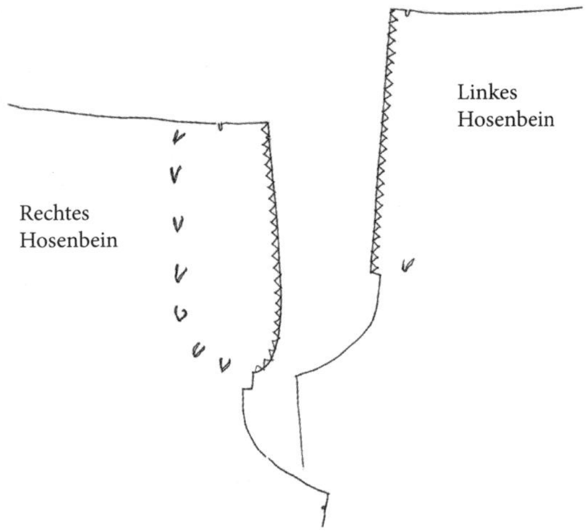

16. Nehmen Sie das linke Hosenbein und schneiden Sie die Öffnung für den Hosenschlitz heraus wie abgebildet. Versäubern Sie die Kanten auf beiden Seiten des Hosenschlitzes.

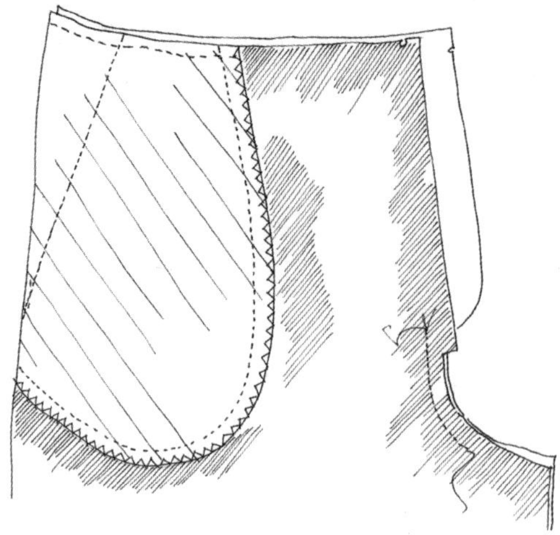

17. Legen Sie die Stoffteile für die Vorderseite der Hose mit den rechten Stoffseiten aufeinander und steppen Sie die Naht im Schritt bis zum Knips, sodass ca. die letzten 10 cm offen bleiben (siehe Abbildung).

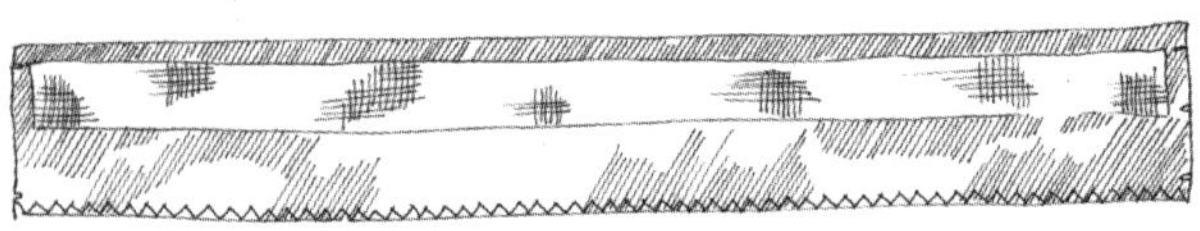

18. Schneiden Sie alle Nahtzugaben von der Bügeleinlage für den Bund ab, bevor Sie die Bügeleinlage von links auf der unteren Hälfte des Bundes anbringen. Versäubern sie die lange Kante an der oberen Hälfte des Bundes mit einem Zickzack- oder Overlockstich.

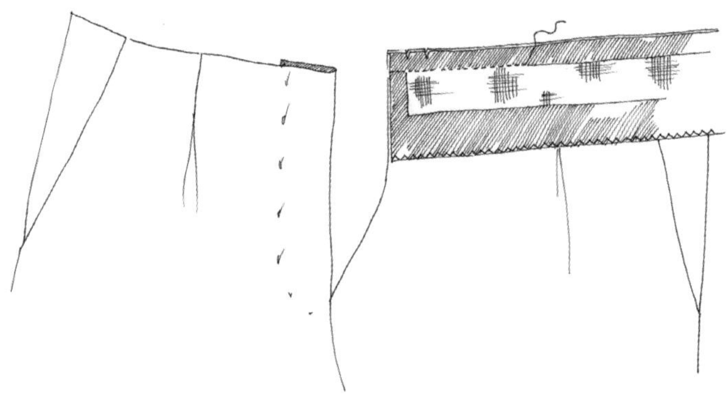

19. Steppen Sie den Bund auf ca. 10 cm Länge rechts auf rechts auf die rechte Vorderseite der Hose (rechts in Draufsicht auf die Vorderseite, siehe Abbildung).

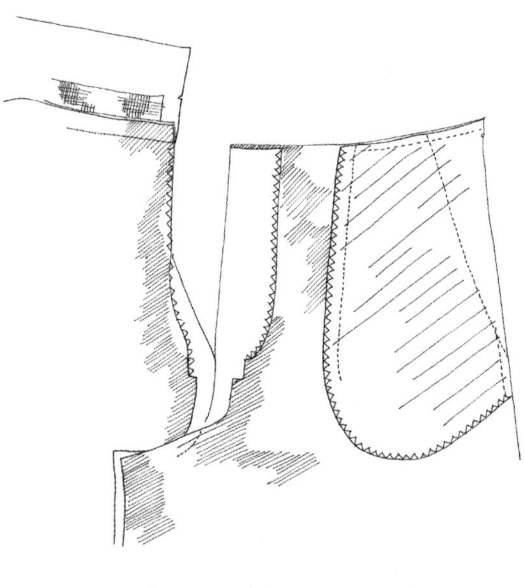

20. Beschneiden Sie die Naht und bügeln Sie sie nach oben. Legen Sie nun die Hose auf links gewendet vor sich hin und schlagen Sie auf der linken Seite den Hosenschlitz auf die Vorderseite um (wenn Sie die Hose wieder auf rechts gewendet haben, wird dies die rechte Vorderseite sein). Bügeln Sie entlang der Naht.

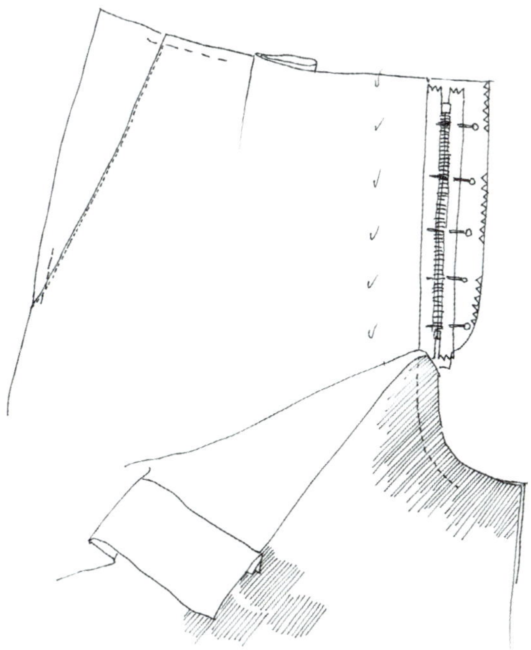

21. Falten Sie die gebügelte Schlitzleiste auseinander. Die rechte Seite des Reißverschlusses zeigt nach unten und liegt auf der rechten Seite der Schlitzleiste. (Die linke Seite des Reißverschluss zeigt zu Ihnen.) Stecken Sie den Reißverschluss fest, sodass die Reißverschlusszähne 1,25 cm vom Bruch entfernt sind.

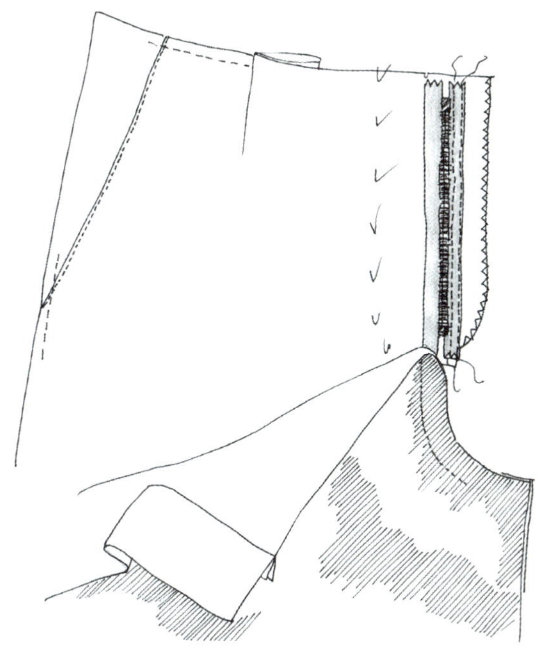

22. Verwenden Sie einen Reißverschlussfuß und steppen Sie dicht an den Zähnen des Reißverschlusses entlang. Steppen Sie dann eine zweite Naht am Rand des Reißverschlussbandes wie in der Abbildung dargestellt. Falten Sie die Schlitzleiste wieder am Bruch und bügeln Sie sie.

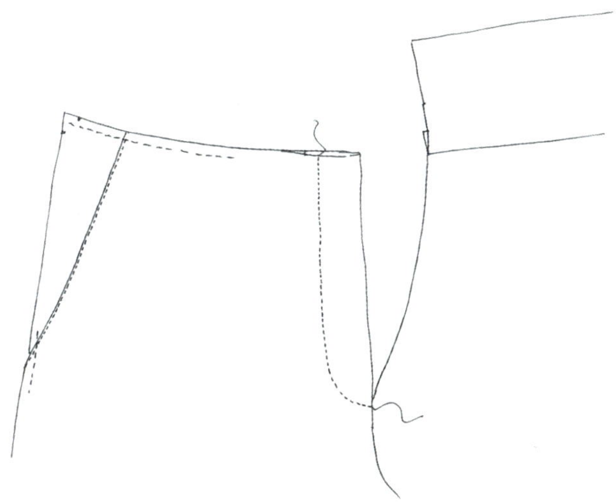

23. Orientieren Sie sich an den Markierungen auf dem Schnittmuster und stecken oder heften Sie die Schlitzleiste fest, bevor Sie die Nähte steppen. Achten Sie darauf, nicht aus Versehen in die linke Seite des Reißverschlussbandes zu nähen.

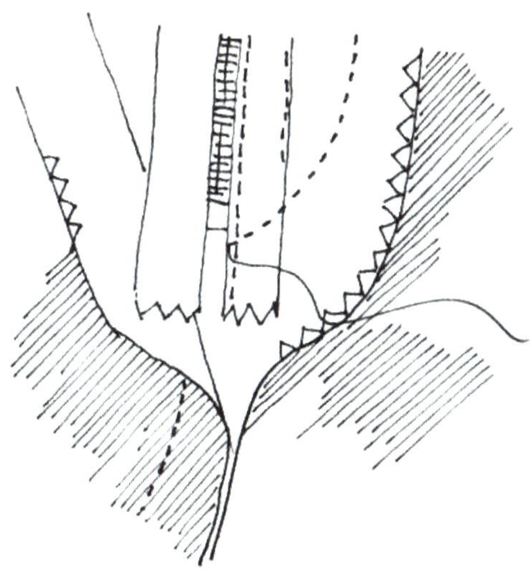

24. Ziehen Sie die Fäden auf die linke Seite durch und verknoten Sie sie; falls Sie Heftfaden benutzt haben, entfernen Sie ihn nun.

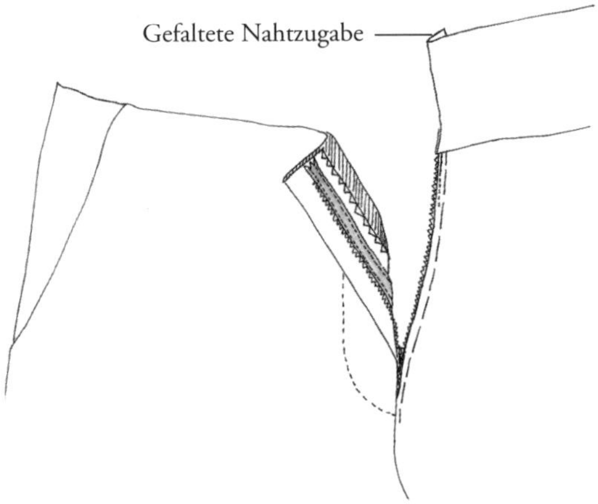

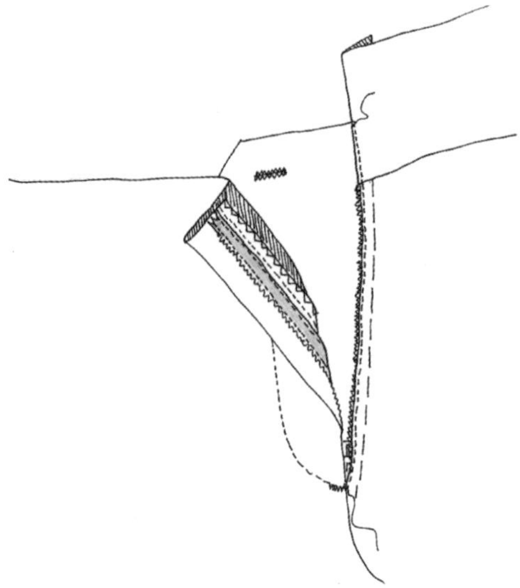

25. Sie schauen auf die Vorderseite der auf rechts gewendeten Hose. Schlagen Sie die Nahtzugaben von Hosenschlitz und Bund auf die linke Seite um. Öffnen Sie den Reißverschluss. Stecken und heften Sie die andere Seite des Reißverschlussbandes fest. Schließen Sie nun den Reißverschluss, um sicherzustellen, dass die Zähne gut ineinandergreifen. Öffnen Sie ihn wieder.

27. Entfernen Sie die Heftfäden und verstärken Sie das untere Ende des Hosenschlitzes mit einem Endriegel (enger Zickzackstich).

26. Stecken Sie die Schlitzleiste hinter dem Reißverschluss fest, sodass das obere Ende bis zur Mitte des Bundes reicht (berücksichtigen Sie dabei auch die Nahtzugaben). Falten Sie den Bund nach unten, um den Sitz der Schlitzleiste zu überprüfen, und streichen Sie es dann wieder glatt. Steppen Sie die losen Seiten des Reißverschlussbandes und der Schlitzleiste fest.

Seitennähte und Naht im Schritt

28. Stecken Sie die Stoffstücke für die Vorder- und Rückseite der Hose rechts auf rechts an der Außenseite der Hosenbeine zusammen und steppen Sie die Nähte. Alle Knipse müssen genau übereinstimmen. Versäubern Sie die Nahtkanten mit einem Zickzack- oder Overlockstich und bügeln Sie die Nähte auseinander.

29. Stecken Sie rechts auf rechts die Nähte an den Beininnenseiten ab und steppen Sie die Nähte. Alle Knipse müssen genau aufeinanderliegen. (Dazu müssen Sie den Stoff von einem Knips zum nächsten etwas ziehen.) Versäubern Sie die Nahtkanten wie im vorigen Schritt und bügeln Sie die Nähte auseinander.

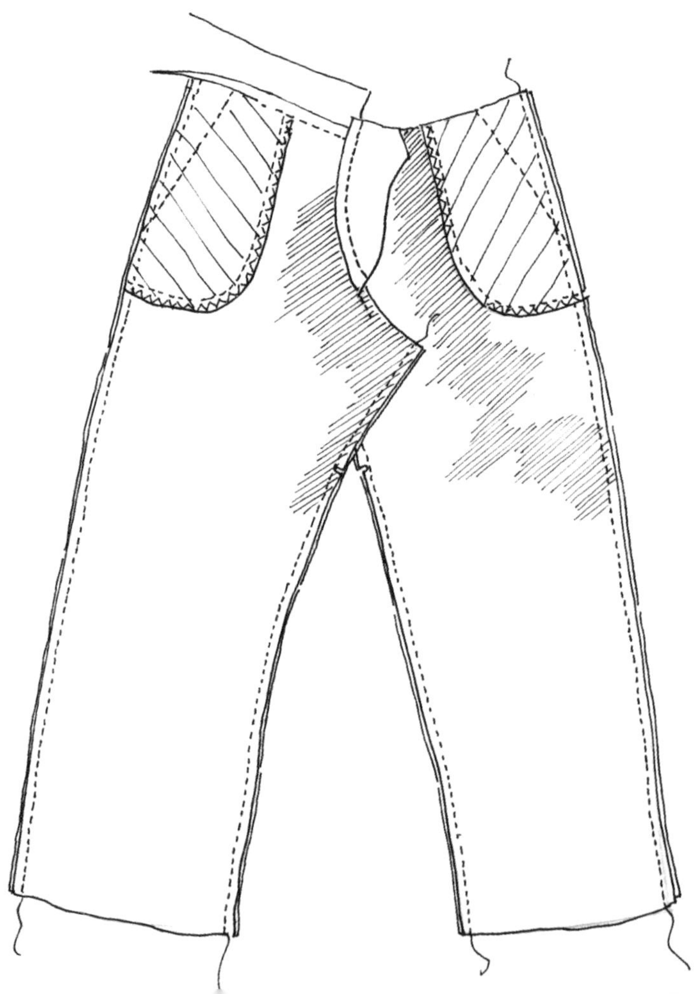

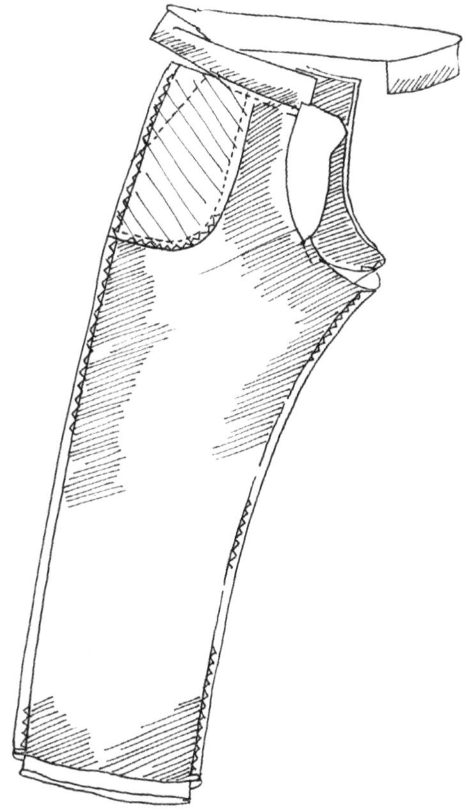

30. Die Hose ist auf links gedreht und die Vorderseite Ihnen zugewandt. Drehen Sie das rechte Bein auf rechts und stecken Sie es in das linke Hosenbein, sodass die rechten Stoffseiten der Hosenbeine aufeinanderliegen.

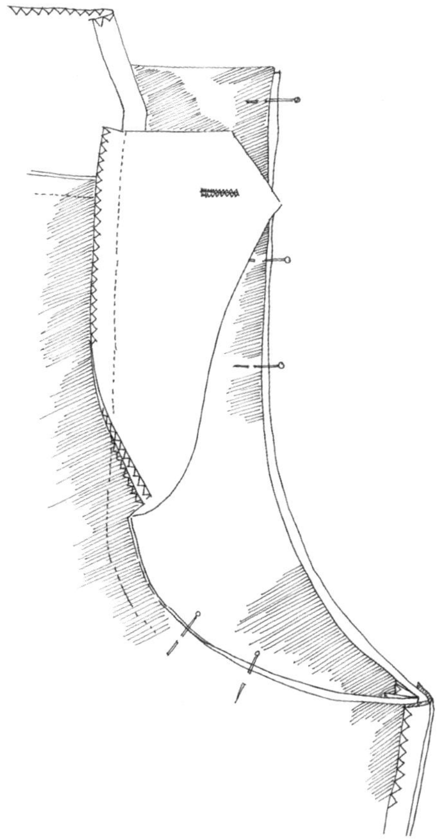

31. Richten Sie die Nähte und Knipse genau übereinander aus und stecken Sie den noch offenen Teil der Naht im Schritt zusammen wie abgebildet. Steppen Sie die Naht. Versäubern Sie die Nahtzugabe mit einem Zickzack- oder Overlockstich. Bügeln Sie die Naht auseinander.

Gürtelschlaufen und Bund

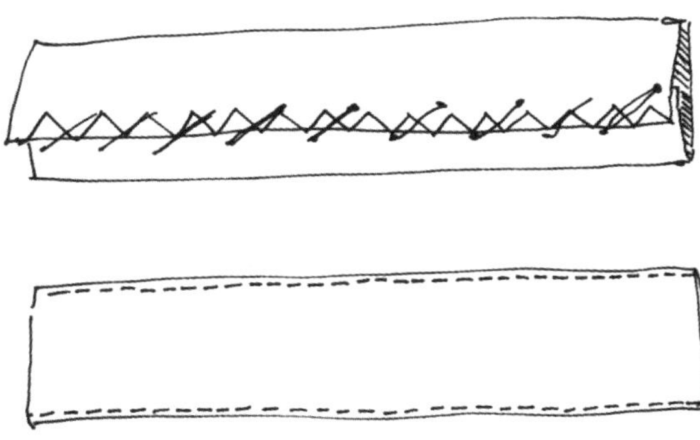

32. Versäubern Sie eine Kante an jeder Gürtelschlaufe (Zickzack- oder Overlockstich). Falten Sie die Gürtelschlaufen entlang der Knipse. Nähen Sie die versäuberte Kante mit Blindstich fest und steppen Sie dann beide Kanten knappkantig ab.

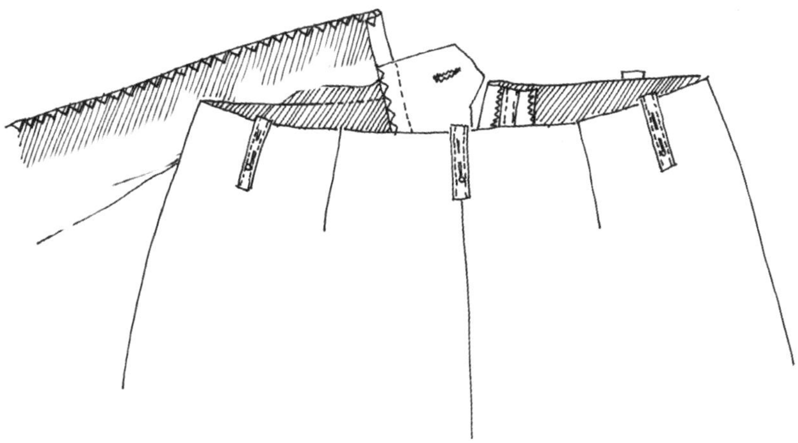

33. Stecken Sie die Gürtelschlaufen rechts auf rechts an den im Schnittmuster eingezeichneten Stellen fest.

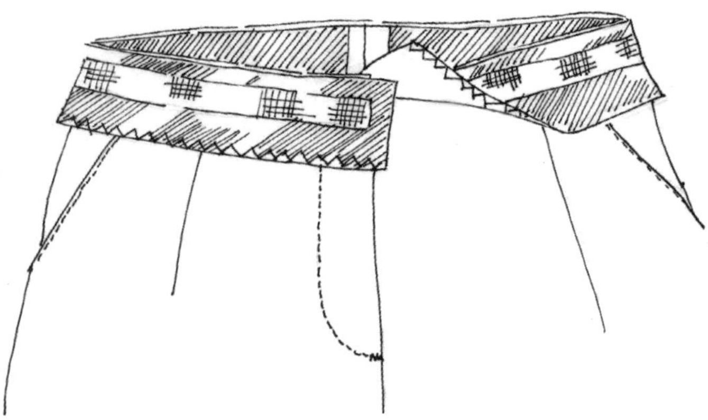

34. Stecken Sie den Rest des Bundes rechts auf rechts auf die Hose und steppen Sie die Naht.

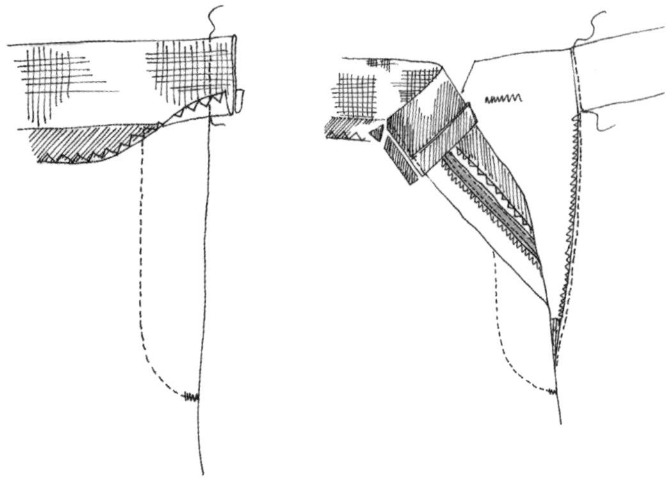

35. Falten Sie den Bund so von rechts nach außen, dass er rechts auf rechts liegt, und stecken und steppen Sie nur das Ende des Bundes ab, das sich am Übertritt des Schlitzes befindet. Beschneiden Sie die Naht und die Ecke.

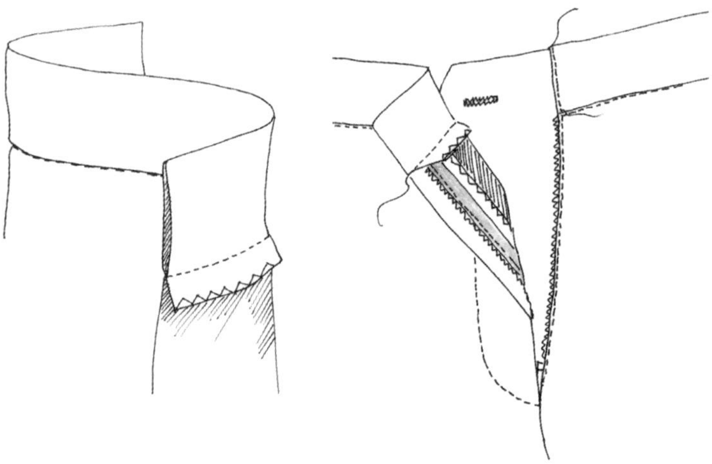

36. Bügeln Sie den Bund am Bruch entlang nach hinten. Klappen Sie die Nahtzugabe des Bundes um den Reißverschluss herum zusammen. Heften Sie den Stoff fest und steppen Sie möglichst im Nahtschatten der Bundnaht (die neue Naht sollte genau auf die alte gesetzt werden, sodass sie fast unsichtbar ist).

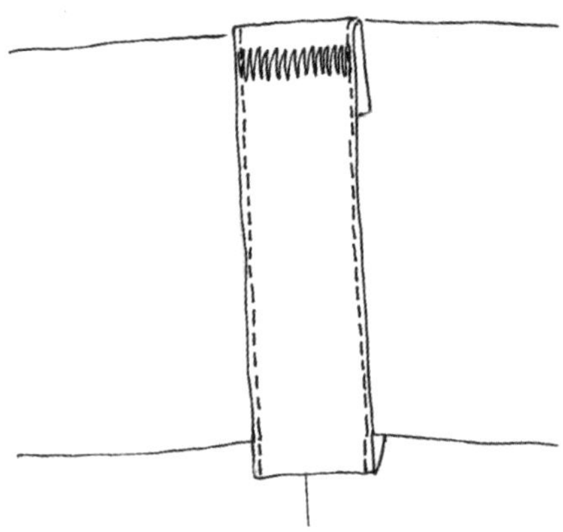

37. Bügeln Sie die Nahtzugabe an der oberen Kante der Gürtelschlaufen einwärts, stecken Sie sie fest und sichern Sie sie mit einem Endriegel.

Verschlüsse

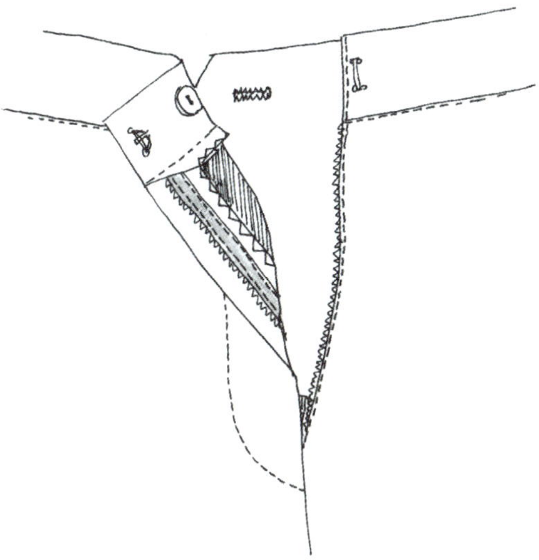

38. Nähen Sie den Knopf auf der Innenseite des Bundes an, sodass er die richtige Position zum Knopfloch in der Schlitzleiste hat. Nähen Sie den Haken und die Öse verdeckt auf die gegenüberliegenden Enden des Bundes.

Saum

39. Versäubern Sie die Saumkanten mit einem Zickzack- oder Overlockstich, schlagen Sie die Säume um und bügeln Sie sie, bevor Sie sie feststecken und mit Blindstich festnähen. Folgen Sie dabei entweder den Vorgaben auf dem Schnittmuster oder passen Sie die Länge wie gewünscht an.

Shorts

1. Für die Shorts übertragen Sie die Schnittteile für Vorder- und Rückseite der Hose bis zu der für die Shorts eingezeichneten Linie. Zeichnen Sie die Linie nach, verlängern Sie das Schnittteil aber noch um 5-10 cm, um später noch Stoff für den Saum zur Verfügung zu haben.

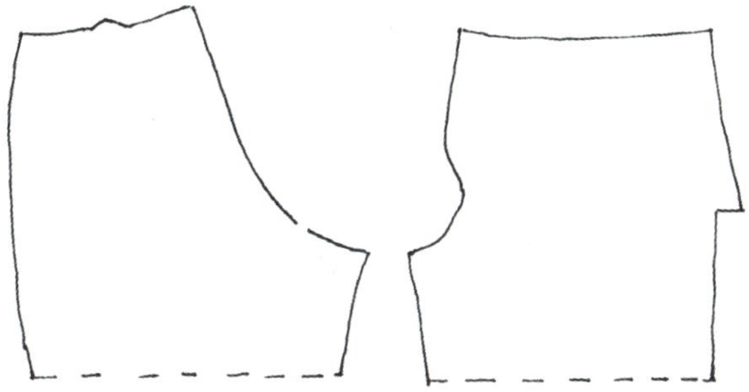

2. Falten Sie das Papier entlang der Shorts-Linie und übertragen Sie die Form der Hose oberhalb der Linie auf den Stoff.

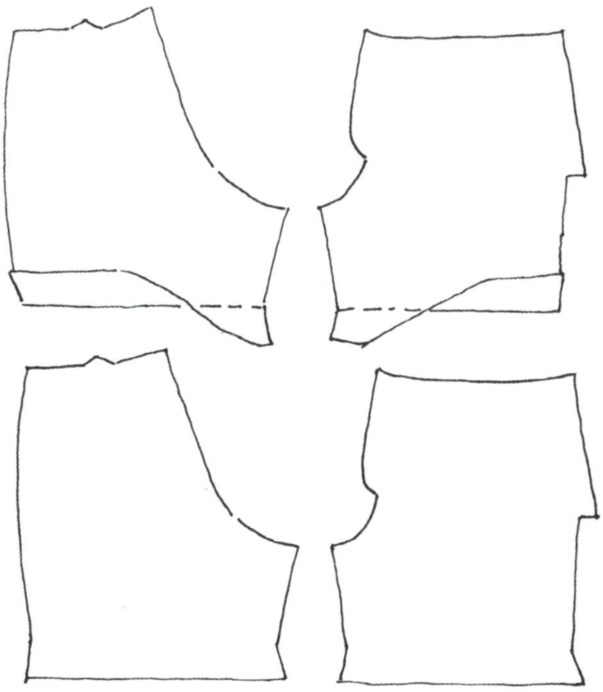

3. Falten Sie das Schnittteil wieder auseinander und messen Sie 5 cm unterhalb der Shortslinie ab. Hier werden die Saumlinien verlaufen. Markieren Sie Anfang und Ende der Saumlinien an den Seiten. Auf diese Weise werden die Hosen die richtige Passform haben, wenn Sie den Saum umschlagen. Folgen Sie nun der Nähanleitung für die Hose, um die Shorts herzustellen.

23

Abbildungsverzeichnis

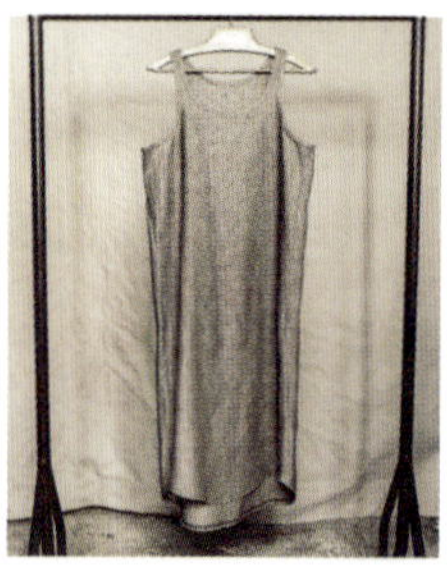

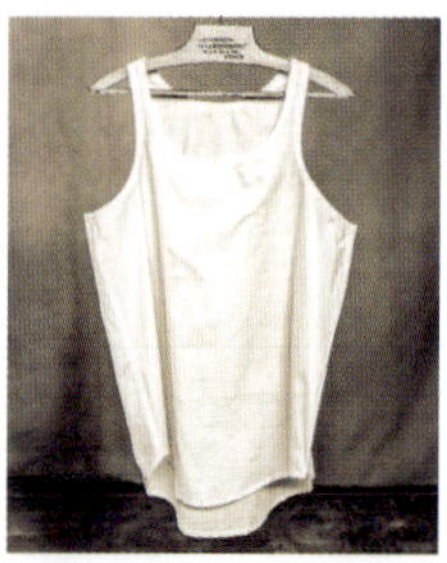

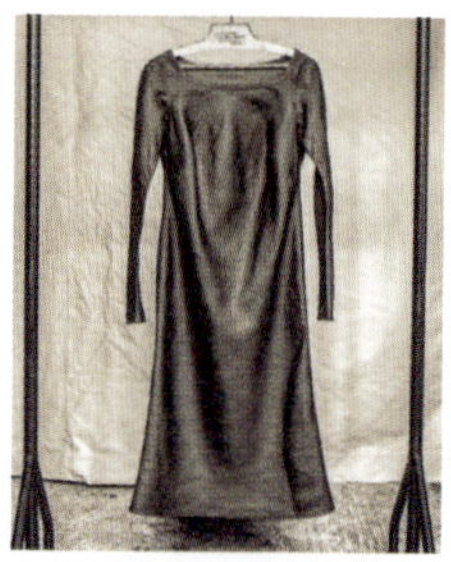

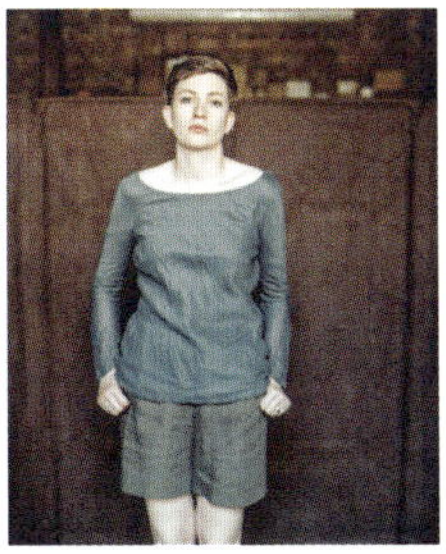

Seite 53
Curlew-Langarmshirt aus Baumwollmusselin mit Innenfutter aus demselben Stoff.

Seite 55
Curlew-Langarmshirt aus Musselin mit Innenfutter aus demselben Stoff.

Seite 57
Curlew-Kleid aus 5oz Denim.

Seite 60
Strand in der Nähe der englischen Kleinstadt Winchelsea.

Seite 61
Bantam-Top aus feinem irischem Leinen; Saltmarsh-Rock aus europäischem Leinen.

Seite 65
Saltmarsh-Rock aus europäischem Leinen.

Seite 74
Heron-Wickelbluse aus irischem Leinen.

Seite 79
Heron-Wickelbluse aus cremefarbenem irischem Leinen.

Seite 88
Innenansichten des denkmalgeschützten Hauses «Great Dixter» in Südengland.

Seite 89
Heron-Wickelbluse aus irischem Leinen; Strides-Hosen aus britischer Wolle.

Seite 93
Haremere-Jacke und Strides-Shorts, beide aus irischem Leinen.

Seite 97
Haremere-Jacke aus Harris Tweed.

Seite 99
Haremere-Mantel aus Canvas.

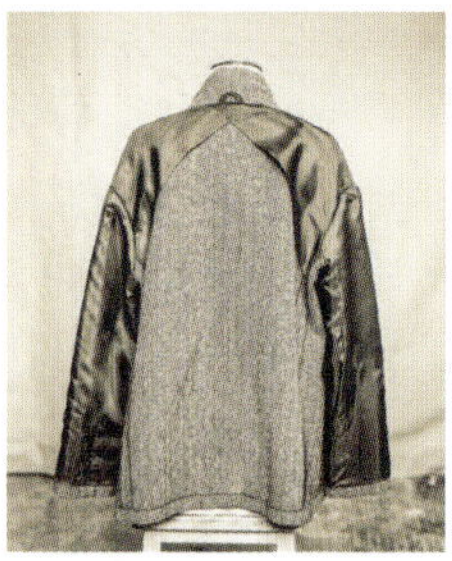

Seite 112
Haremere-Jacke aus Harris Tweed.

Seite 115
Haremere-Mantel aus Canvas.

Seite 118
Strand bei Winchelsea.

Seite 119
Bantam-Top aus feinem irischem Leinen; Strides-Hosen aus britischer Wolle.

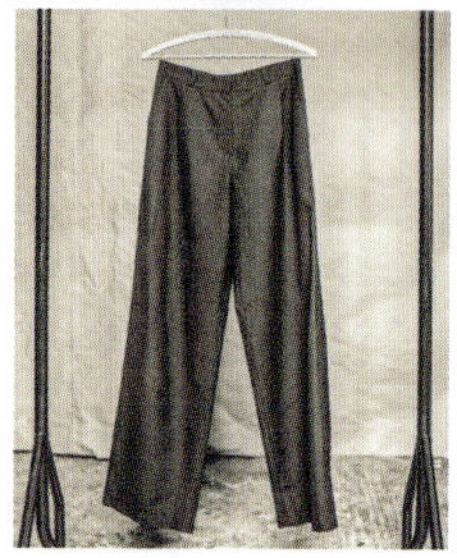

Seite 123
Strides-Hosen aus gewaschenem Leinen.

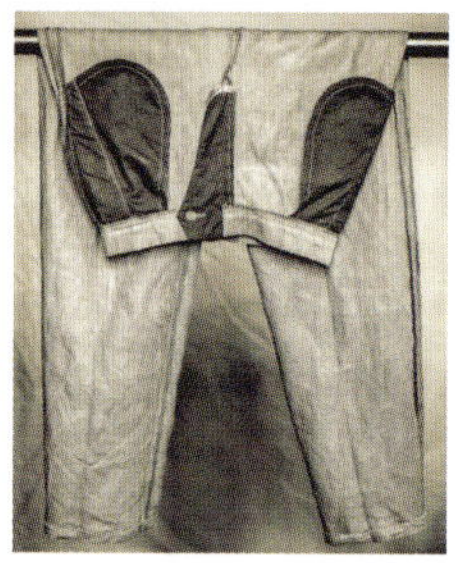

Seite 130
Strides-Innenansicht.

Seite 138
Fluss im südenglischen Ort Rye.

Seite 139
Curlew-Lagen-Top aus Baumwollmusselin; Strides-Shorts aus Leinen.

Größentabelle

Diese internationalen Größenangaben
sind die Grundlage unserer Schnittmuster

UK Größen	**8**	**10**	**12**	**14**	**16**	**18**
Brustumfang (inch)	32	34	36	38	40	42
Taillenumfang (inch)	26	27	29	31	33	35
Hüftumfang (inch)	35	37	39	41	43	45

Europäische Größen						
Österreich, Deutschland, Schweden, Schweiz	**34**	**36**	**38**	**40**	**42**	**44**
Belgien, Spanien, Frankreich, Niederlande, Portugal	**36**	**38**	**40**	**42**	**44**	**46**
Italien	**40**	**42**	**44**	**46**	**48**	**50**
Brustumfang (cm)	82	86	91	96	100	106
Taillenumfang (cm)	65	69	74	79	84	89
Hüftumfang (cm)	90	94	99	104	109	114

USA, Kanada & Australien	**4**	**6**	**8**	**10**	**12**	**14**
Brustumfang (inch)	32	34	36	38	40	42
Taillenumfang (inch)	26	27	29	31	33	35
Hüftumfang (inch)	35	37	39	41	43	45

Sämtliche Anleitungen und Texte dieses Buches sind urheberrechtlich geschützt und dürfen nur nach vorheriger schriftlicher Genehmigung reproduziert oder zu kommerziellen Zwecken verwendet werden. Jede gewerbliche Nutzung der Arbeiten und Entwürfe ist nur mit Genehmigung von Verfassern und Verlag gestattet. Bei Verwendung im Unterricht und in Kursen ist auf dieses Buch hinzuweisen.

Merchant & Mills bietet ein breites Sortiment an Stoffen und Schneidereibedarf und versendet weltweit.

Aus dem Englischen von Daniela Kletzke

4. Auflage 2021

Verlag Freies Geistesleben
Landhausstraße 82, 70190 Stuttgart
www.geistesleben.com

ISBN 978-3-7725-2767-8

Die Originalausgabe erschien 2015 unter dem Titel *Merchant & Mills Workbook* im Verlag Pavilion, 43 Great Ormond Street, London WC1N 3HZ
www.pavilionbooks.com

Design und englischer Text © Pavilion Books Company Ltd 2015
Fotos © Roderick Field 2015

Für die deutsche Ausgabe: © 2017 Verlag Freies Geistesleben & Urachhaus GmbH, Stuttgart
Fachlektorat: Friderike Plath
Reproduktionen: Mission Productions Ltd, Hong Kong
Druck und Bindung: 1010 Printing International Ltd, China
Printed in China

Merchant & Mills

Merchant & Mills – das sind Carolyn Denham und Roderick Field. Sie gründeten ihr Unternehmen 2010, um die Nähkunst aus dem Schatten anderer Ausdrucksformen zu holen und ihr den gebührenden Platz in der Welt der Kreativität zu verschaffen. Dabei behandeln sie handwerkliche Fragen mit Respekt und Sorgfalt. Sie entwerfen und produzieren eine Palette von Modellschnitten und nützlichen Hilfsmitteln. Im Gegensatz zum üblichen Kurzwarensortiment, von dem man Hübsches und Geblümtes erwartet, bieten sie Schneidereibedarf von höchster Qualität und ungewohntem Design in schlichter, funktioneller Verpackung.

Seit ihrem Abschluss in Modedesign lebte und arbeitete Carolyn in Italien und New York und war einige Jahre als Innenarchitektin tätig. Sie entwirft und realisiert die einzelnen Schnitte und behält den Überblick. Roderick ist ein erfolgreicher Fotograf und Autor, dessen Arbeiten u.a. in der National Gallery zu sehen sind. Er ist verantwortlich für das unverwechselbare Erscheinungsbild von Merchant & Mills.

Produkte von Merchant & Mills finden Sie bei Qualitätshändlern weltweit – in New York und Tokio, bei Liberty in London und im Victoria and Albert Museum.

Merchant & Mills, 14 Tower St, Rye TN31 7AT
www.merchantandmills.com

Danksagung

Merchant & Mills dankt Karen Cunningham und Chrissy Williams; den Modellen Eve, Tess, Laura, Rita, Aby, Zaneta und Kate; Michael, Emma, Michelle und Louise; Aaron und Perry von Great Dixter House & Gardens (www.greatdixter.co.uk).

Pavilion Books dankt Cheryl Brown und Kate Denny für ihre Sorgfalt und Liebe zum Detail, Manisha Petal für die grafische Gestaltung und Gemma Wilson für ihre Unterstützung bei der Gestaltung der Schnittmuster.